Der Losl&

Der Herzmensch einer I

Ricarda Sagehorn & Cornelia Mroseck

Dieses Buch ist all den mutigen Frauen und Männern gewidmet, die es wagen, hinter all der Liebe, die sie für ihr Gegenstück in ihren Herzen tragen, auch die Liebe zu sich selbst zu entdecken, um sich damit ein wunderbares Leben in der eigenen Mitte und mit der Liebe ihres Lebens zu erschaffen.

Der Loslasser

Der Herzmensch einer Dualseelenliebe

Ricarda Sagehorn & Cornelia Mroseck

Besuche uns im Internet:
www.karmische-liebe.de
oder
www.dualseelen-liebe.de

Bibliografische Information der Deutschen Nationalbibliothek:
Die Deutsche Nationalbibliothek verzeichnet diese Publikation in
der Deutschen Nationalbibliografie; detaillierte bibliografische Da-
ten sind im Internet über http://dnb.d-nb.de abrufbar.

© 2013 Ricarda Sagehorn & Cornelia Mroseck

Herstellung und Verlag:
BoD - Books on Demand GmbH,
Norderstedt

ISBN 978-3-7322-8031-5

Allgemeiner Hinweis:
Die Informationen und Empfehlungen in diesem Buch dienen nicht
dem Ersatz eines Arztes oder Therapeuten. Eine Haftung seitens der
Autorinnen oder des Verlages für etwaige Personen-, Sach- oder
Vermögensschäden ist ausgeschlossen.

Inhalt

Einleitung

Wir alle spüren in uns die Sehnsucht nach diesem einen Menschen, der perfekt zu uns passt. Unseren Seelenpartner. Unser Gegenstück. Wir suchen die große und unsterbliche Liebe, die immer währt und uns glücklich Sein bis zum Ende unserer Tage verspricht. Unser Herz wünscht sich so sehr diese eine Seele, die uns anblickt und uns sofort erkennt – wahrhaftig erkennt. Die weiß, wer wir tief in unserem Inneren sind, bevor überhaupt nur ein Wort über unsere Lippen kommt. Unser Leben lang suchen wir beharrlich nach diesem Gefühl, das uns dieses Erkennen des anderen bringt: angekommen, geliebt und ganz zu sein. Ein tiefes Gefühl, dass unsere Seele wärmt wie ein Feuer an einem kalten Wintertag und uns einen Ruhepol und sicheren Ort in dieser unbeständigen Welt bietet.

Und in unserer heutigen Zeit finden viele Menschen auch diese eine Person. Ist dieser Tag gekommen zerspringt unser Herz fast vor Freude, unsere Seele weint Tränen des Glücks und jede Zelle unseres Körpers vibriert förmlich vor Aufregung. Es ist einer der wunderschönsten Momente in unserem Leben. Der Horizont scheint uns nach all den emotionalen Enttäuschungen, Verletzungen und Rückschlägen plötzlich ein

Leben in Liebe und Glück zu versprechen. Und wir legen all unsere Träume, Wünsche, Sehnsüchte und Hoffnungen auf diesen einen Menschen.

Vielleicht geht es einige Wochen und Monate sogar gut. Das gegenseitige Verstehen geht über die eigene Sprache hinaus. Wir haben das Gefühl, die Gedanken des anderen lesen und aussprechen zu können. Wir spüren den anderen nicht nur körperlich, sondern auch tief in uns - selbst wenn er nicht anwesend ist. Wir erleben die schönsten, innigsten und sinnlichsten, die leidenschaftlichsten, intimsten und wundervollsten Stunden unseres Lebens. Aber urplötzlich ist dann alles vorbei. Der Mensch, der all dies für uns als Geschenk hatte, zieht sich unerwartet zurück und lässt uns allein. Und es trifft uns wie ein Schlag mitten ins Gesicht. Hatte er doch auch all diese Momente genossen. Wir verstehen die Welt nicht mehr. Das Märchen, das begonnen hatte, wahr zu werden, wird vom Anderen abrupt beendet. Oftmals sogar ohne ein Wort.

Der Schmerz und den seelischen Kummer, den dieser Mensch nun in uns hinterlässt, ist unbeschreiblich. Es nagt an unserem Verstand, sticht mitten in unser Herz und zerstört unsere Träume und Hoffnungen. Es ist der Liebeskummer unseres Lebens und: Er will einfach nicht mehr aufhören. Wir erleiden Höllenqualen, unser Leben gerät aus den Fugen, denn man bekommt den anderen einfach nicht mehr aus dem Kopf. Die einfachsten Dinge kosten plötzlich immense Kraft und werden beinahe unmöglich. Familie und Freunden ist es oft unverständlich, dass wir nicht wieder auf die Beine kommen. Aber wie soll man auch jemandem, der es nicht kennt, begreiflich machen, was mit uns geschieht. Wir verstehen es ja oft selbst nicht mehr.

Jeder Versuch, an den anderen wieder heran zu kommen, scheitert meistens kläglich. Man bekommt entweder keine oder nur eine geringe Reaktion. Und manchmal werden wir auch noch mehr verletzt und zurückgewiesen. Dabei möchten wir doch nur verstehen, was der Grund für diesen Rückzug und diese Abweisung ist. Wir würden gerne wissen, was wir falsch gemacht haben, wo der Fehler lag, damit wir ihn korrigieren können. Schließlich wollen wir dem anderen doch nur unsere Liebe geben. Und am Anfang ging doch auch alles gut, es war alles wunderschön. Wir verstehen den plötzlichen Sinneswandel unseres so perfekten Gegenstücks nicht. Wir bleiben am Boden zerstört zurück und nichts ist mehr so, wie es vorher war.

Der Dualseele begegnet

Wenn uns all dies passiert ist, dann haben wir mit hoher Wahrscheinlichkeit unsere Dualseele gefunden. Und obwohl sie für uns die gefühlvollste und schönste Liebe ist, die wir je kennenlernen durften, ist sie auch unsere größte Herausforderung und damit die größtmögliche Chance zu innerem Wachstum und unserer persönlichen Entfaltung. Sie bringt uns in die höchsten Höhen und zeigt uns ebenso die tiefsten Tiefen auf. Diese Liebe offenbart uns in all ihrer Schönheit, was möglich sein könnte. Sie enthüllt uns aber auch schonungslos, was wir ohne sie waren und sind. Denn nach dem

Prinzip der Dualität bringt sie uns in ihr eigenes Spannungs-feld – zwischen ihre beiden Pole. Sie zeigt uns den Himmel, der grenzenlose Liebe bedeuten kann. Aber auch die Hölle, die ihre Abwesenheit erzeugt. Sie präsentiert uns unsere wun-derbarsten Eigenschaften und unsere größten Stärken. Gleichzeitig jedoch auch unsere Schwächen und unsere schrecklichsten Seiten. Unsere duale Seele weckt in uns die größten Träume, Hoffnungen, Glücksgefühle und Sehnsüchte. Sie rüttelt aber auch unsere schlimmsten Ängste und Blocka-den auf, die uns daran hindern, zu dieser wahrhaften Liebe zu gelangen.

Es mag unglaublich klingen, aber zwei Menschen, die eine Dualseele bilden, so leidvoll diese Beziehung im zweiten Mo-ment, wenn das Gegenstück sich so total entzieht, auch sein mag, sind füreinander bestimmt. Auch wenn immer wieder anderes behauptet wird. Sie sind das spiegelbildliche Abbild des anderen. Sie sind Yin und Yang füreinander, die als ein-zelne Prinzipien zusammen ein größeres Ganzes bilden. Und sie sollen den Weg in die wunderbarste Liebesbeziehung fin-den, die es für uns Menschen gibt. Doch dazu müssen die Hin-dernisse aus dem Weg geräumt und die Lernaufgaben, die in einer solchen Beziehung stecken, erledigt werden. Dann – und nur dann – hat diese Liebe eine Zukunft.

An wen richtet sich dieses Buch

In „Dualseelen & die Liebe – Wenn das Schicksal auf zwei Herzen trifft" haben wir erklärt, welche Zusammenhänge in einer Dualseelenliebe stecken, und skizziert, welche Lernaufgaben und Phasen auf beide Partner warten und wie man sie durchstehen und lösen kann. In diesem Buch möchten wir jetzt noch deutlicher auf den Part der dualen Seele eingehen, der die Schlüsselposition in dieser Konstellation innehat. Denn da alles in einer solchen Liebesgeschichte dual ist, gibt es einen, der aktiv etwas an den Geschehnissen beeinflussen kann – der Loslasser oder auch der Herzmensch von beiden. Der andere – der Gefühlsklärer oder auch der Kopfmensch – ist der passive Part und geht den Weg und die Lernaufgaben mit, sobald der Herzmensch seine ersten Schritte macht.

Dieses Buch richtet sich also an dich als den Loslasser, den Herzmenschen. Und es soll eine Art Hand- und Praxisbuch für dich und deine Lernaufgaben sein. Wir möchten dir noch einmal tiefer aufzeigen, wo deine Lernaufgaben liegen, woher sie kommen und wie du sie am besten meisterst. Und da wir sehr praktisch veranlagt sind und wir diese Liebe für dich lebbar machen möchten, werden unsere Tipps, die wir dir geben, auch praxisnah und umsetzbar sein. Wir möchten dir die beste Grundlage bieten, dich zu dem Menschen zu entfalten, der in dir schlummert und der ganz sein möchte. Deine Dualseele weckt sehr viele unerlöste Teile in dir, die schmerzen und die geheilt werden wollen. Und darin wollen wir dich unterstützen.

Keiner kann dir die Umsetzung deiner Lernaufgaben abnehmen

Wir möchten aber auch, dass du eines beherzigst: Wir können dir die Umsetzung deiner Lernaufgaben, die teils anstrengenden und Mut erfordernden Schritte, die gegangen werden müssen, nicht abnehmen. Das hast nur du selbst in der Hand. Wir können dir nur wie eine Landkarte den Weg weisen. Die Schritte ausführen, musst du dennoch allein. Wenn du magst und dich darauf einlassen kannst, möchten wir dir in diesem Buch als Coach zur Seite stehen. Sei dir dabei gewiss, dass wir all deine Gefühle, auch die widersprüchlichen, den Kampf zwischen Herz und Verstand und jede andere Regung in dir kennen und Verständnis für sie haben. Wir fühlen immer mit dir. Wie es ein guter Coach jedoch macht, werden wir dich trotz Ängsten und Kraftlosigkeit, trotz fehlendem Vertrauen und Mut versuchen, vorwärts zu treiben. Manchmal werden wir dich dabei liebevoll aufpäppeln und manchmal müssen wir auch deutlicher werden. Denn nur wer den Weg klar sieht, kann den Weg auch sicheren Fußes gehen.

Wie dieses Buch aufgebaut ist

Wir haben uns in diesem Buch dazu entschlossen, es grob in drei Teile zu gliedern. Im ersten Teil beschäftigen wir uns mit dem Prinzip der Dualität, in dem unsere Welt existiert. Denn das Verständnis dieser Dualität ist Grundlage für das Verständnis der Lernaufgaben. Sie gibt uns auch den Schlüssel für die Lösung dieser Aufgaben. Es ist uns also ein großes Bedürfnis, dass dieses Prinzip verinnerlicht wird. Denn es ist die Basis für deine Entwicklung.

Im zweiten Teil beschäftigen wir uns in diesem Zusammenhang noch mal mit dem Loslasser, den wir in diesem Buch vor allem den Herzmenschen nennen wollen. Wir schauen uns gemeinsam an, was ihn ausmacht und warum er so ist, wie er ist. Denn daraus ergeben sich seine Lernaufgaben, seine Herausforderungen und seine unerlösten Anteile, die den Schmerz verursachen und die geheilt werden wollen. Dieser Teil gibt dir weitere Theorie, die wir zum Verständnis brauchen.

Im dritten und größten Teil dieses Buches gehen wir an die Umsetzung, ans Eingemachte, an die Praxis. Und wir geben dir all die Hilfsmittel und Werkzeuge an die Hand, die dir helfen, deine Lernaufgaben anzugehen und erfolgreich zu meistern. Dabei liefern wir dir nur praxiserprobte Tipps, die sich vielfach bewährt haben. Denn wir möchten es dir so einfach wie möglich machen. Dieser Teil ist der Arbeitsteil, in dem wir uns an die konkrete Umsetzung der Lernaufgaben wagen.

Wie du dieses Buch am besten liest

Jeder Mensch liest ein Buch anders. Und sicherlich weißt du persönlich am besten, wie du es am sinnvollsten für dich nutzt. Wir möchten dir dennoch einige Anregungen geben, die vielleicht hilfreich sind.

Lies das Buch erst einmal ganz durch, um den gesamten Zusammenhang zu verstehen, bevor du dich konkret an die Arbeit machst und unsere Tipps und Übungen umsetzt. Wir haben alle Inhalte so gegliedert, dass sie aufeinander aufbauen. Es ist also wichtig, dass du sie von vorne bis hinten liest. Wer den dritten Schritt vor dem ersten tun will, kommt leicht ins Straucheln.

Wir empfehlen dir außerdem, dass du Aussagen, die dir wichtig erscheinen, unterstreichst oder auch farblich markierst. Schreibe dir auch Notizen an den Rand. Dieses Buch soll ein Arbeitsbuch für dich sein. Und wichtige Dinge ein zweites Mal zu lesen, unterstützt deine erfolgreiche Entwicklung, dein Lernen und dein persönliches Wachstum. Denn jedes Mal, wenn du sie wieder liest, erinnern sie dich daran, was wichtig für dich ist.

Wenn du das Buch ein zweites Mal liest, kannst du dich immer auf einen Abschnitt beschränken. Nimm dir gerade im Arbeitsteil des Buches die notwendige Zeit, die Dinge in die Tat umzusetzen. Wenn du einiges davon schon beherzigst, dann tu dies weiterhin. Wenn nicht, dann fange nun damit an.

Es kann sein, dass zunächst in dir – wie bei vielen unserer Klienten auch – durch einige der vorgeschlagenen Schritte erst einmal ein innerer Widerstand geweckt wird. Unsere Erfahrung hat uns jedoch gezeigt, dass man das, wogegen man die größte Aversion empfindet, am meisten braucht. Denke immer daran, dass es nicht reichen wird, dieses Buch nur zu lesen. Du wirst das Gelesene auch in die Tat umsetzen müssen. Sonst wird sich nichts verändern. Dein innerer Widerstand weist dir dabei sogar den Weg, welche Dinge für dich am wichtigsten sind.

Was du noch wissen solltest

Jede Veränderung im Leben, vor allem wenn es um die persönliche Entwicklung geht, erfordert beharrliche Bemühungen. Die Dinge, die uns schrecken und uns Angst machen, weisen uns auf Eigenschaften hin, die wir in unserem Leben bisher nicht kultiviert haben. Sie sind wie Muskeln, die wir nicht trainiert haben oder aufgrund unseres Umfeldes nicht trainieren konnten oder wollten. Und genau an diese Muskeln wollen wir uns nun wagen. Wir freuen uns, wenn du mutig und freudig auf deine Lernaufgaben zugehst und die Herausforderung, dich zu entwickeln, annimmst. Aber sei gewarnt, dass sich auch unangenehmere Gefühle einstellen können, wie Wut auf dich selbst, dass du Dinge nicht früher erkannt hast, Enttäuschung über andere, die dich verletzt und nicht unterstützt haben. Das ist normal und gehört zum Veränderungsprozess dazu. Atme dann tief durch und erfreue dich viel mehr an deinem neuen Bewusstsein für die Dinge. Denn es versetzt dich in die Lage, jetzt und für die Zukunft etwas zu ändern und aktiv zu werden.

Sei auch geduldig mit dir selbst. Niemand verändert sich über Nacht. Und wenn wir neue Verhaltensweisen und Eigenschaften ausprobieren und trainieren, fallen wir auch mal wieder hin. Das ist ganz natürlich. Es mag dir dann wie ein Rückschlag vorkommen oder du wirst zweifeln, ob du es überhaupt schaffen kannst. Aber auch das gehört dazu. Wer klug ist, übt und trainiert einfach weiter. Ebenso wie jemand, der ein Instrument spielen lernen will. Auch wenn man das Gefühl hat, nicht weiter zu kommen. Denn zumeist ist die Stagnation ein Hinweis darauf, dass sehr bald ein Knoten platzt und man plötzlich einen Sprung nach vorne macht.

Bleib also einfach am Ball. Hab Geduld, Liebe und Verständnis für dich selbst. Es ist schließlich noch kein Meister vom Himmel gefallen. Du wirst es schaffen. Du wirst sehen. Denn es lohnt sich – immer!

Lass uns also beginnen.

Ricarda & Conny

Noch eine Kleinigkeit:

Der Herzmensch bzw. der Loslasser trägt hauptsächlich die weiblichen, weichen Energien in sich. Und da dies in etwa 95% der Frauen und nur in selteneren Fällen Männer betrifft, sprechen wir dich in diesem Buch wieder mit der weiblichen Form an und gehen bei deinem Partner vom männlichen Gegenstück aus. Wir bitten dich, uns das zu verzeihen, wenn du ein Mann bist oder es sich um eine gleichgeschlechtliche Liebe bei dir handelt. Es hat rein formale Gründe. Fühl dich bitte genauso herzlich aufgenommen und unterstützt. Denn es gilt natürlich auch für dich, wenn du der Herzmensch von euch beiden bist und die Dame deines Herzens im Kopfe weilt und damit die männlichen Energien trägt.

Die Dualität verstehen

Das Dualitätsprinzip

„Dualität ist das Spannungsfeld, das unsere Entwicklung und alles (Er)Leben erst möglich macht."

Ricarda Sagehorn & Cornelia Mroseck

Wir leben in einer von Dualität geprägten Welt. Überall begegnen wir entgegengesetzten Prinzipien wie oben und unten, schwarz und weiß, hell und dunkel, links und rechts, gut und böse und dergleichen mehr. Die Natur zeigt uns diese zweigeteilte Einheit auch immer wieder: Frühling und Herbst, Sommer und Winter, Tag und Nacht, Ebbe und Flut, Männlein und Weiblein. Es scheint sich hier also um ein Naturgesetz oder auch universelles Gesetz zu handeln, dass sich in allem widerspiegelt. Egal, was man betrachtet, es gibt einen Gegensatz oder auch ein Gegenteil dazu. Auch in spirituellen Konzepten finden wir dieses Prinzip der zwei sich ergänzenden Teile eines Ganzen immer wieder: Gott und Teufel, Engel und Dämonen, Yin und Yang, Werden und Vergehen. Wir könnten unzählige weitere Beispiele aufzählen.

Suchen wir nach Begriffserklärungen für Dualität in Lexika und Co, finden wir – abgesehen von mathematischen und physikalischen Entsprechungen - im allgemeinen und spirituellen Sinne diese Bedeutungen:

Dualität (von lat. dualis = „zwei enthaltend"; „Zweiheit")

- ein unversöhnlicher Gegensatz bzw. Widerstreit oder Widerspruch
- in der Spiritualität ein Ausdruck für Getrenntsein bzw. die Wahrnehmung von Getrenntsein

Darauf möchten wir jedoch näher eingehen. Versuche dabei einmal die Dinge ganz logisch und neutral zu betrachten.

(1) Die allgemeine Bedeutung von unversöhnlichem Gegensatz und Widerspruch ist recht missverständlich, weil negativ behaftet. Duale Anteile sind in sich zwar gegensätzlich, aber im durchaus positiven Sinne. Denn sie zeigen einander lediglich die Kehrseite ein und derselben Medaille. Es ist wichtig, das ohne eine Wertung von gut oder schlecht zu sehen. Wir haben also eigentliche zwei Dinge vor uns, die ein und dieselbe Sache von zwei unterschiedlichen bzw. gegensätzlichen Standpunkten oder gar Polen betrachten. Das heißt: Eigentlich sind sie dasselbe Ding nur in unterschiedlicher Ausprägung.

Um das einmal mit ein paar Beispielen zu verdeutlichen: Der Herbst hat genauso schöne und nötige Seiten für das Leben auf diesem Planeten, wie es der

Frühling hat. Der Tod ist etwas, das zwingend notwendig ist, um neues Leben zu ermöglichen. Schlaf ist etwas, das unser Körper zur Regeneration benötigt und steht unserem Wach sein genau gegenüber. Ist Schlaf aber etwas Schlechtes? Oder Wach sein? Denk diesen Gedanken einmal zu Ende. Denn so verhält es sich mit allen dualen Dingen. Immerwährend.

(2) Die spirituelle Bedeutung von der Wahrnehmung eines Getrenntseins sollte durchaus nur im Sinne der Wahrnehmung verstanden werden. Denn durch viele andere spirituelle Lehren wissen wir, dass alles miteinander verbunden ist. Ein wirkliches Getrenntsein gibt es nicht. Wir fühlen uns getrennt. Tatsächlich ist dies aber nie der Fall. Wir haben immer eine Verbindung, ob nun zu Gott, zu spirituellen Wesen, Engeln, zu uns selbst oder zu anderen. Welche Qualität diese Verbindungen haben, entscheidet viel mehr darüber, ob wir uns getrennt oder verbunden fühlen.

Die Dualität ist also nichts, das wertet. Das tun immer wieder wir selbst. Nach dem Prinzip der Dualität ist alles in Ordnung, alles hat seinen Platz und seine Berechtigung und ist unabdinglicher Bestandteil des Lebens. Es ist sogar vielmehr so, dass sich beide Seiten gegenseitig ergänzen und beschreiben.

Der ergänzende Aspekt
der Dualität

„Wer die Tiefen des Leides nicht kennt, wird sein

Glück nie zu schätzen wissen."

Ricarda Sagehorn & Cornelia Mroseck

Der ergänzende Aspekt der Dualität sorgt dafür, dass wir mit dem einen dualen Anteil den anderen besser verstehen. Er beschreibt ihn allein durch seine Existenz noch einmal genauer und erläutert ihn. Genauso beschreibt er ihn durch seine Abwesenheit. Pures Glück beispielsweise ist absolute Abwesenheit von Unglück oder Leid. Genauso ist es andersherum: Pures Leid ist absolute Abwesenheit von Glück. Doch wie wüssten wir, wann wir pures Glück erfahren, wenn wir nicht auch gleichzeitig wissen würden, wie sich absolutes Leid oder unglücklich Sein anfühlen würde. Wir hätten nicht den Hauch einer Ahnung.

Das Gegenteil einer Sache vervollständigt quasi die andere Sache, macht sie greifbarer und erfahrbarer. Wer könnte sagen, wie schön ein sonniger, heller Tag ist, wenn wir nicht wüssten, wie ein verregneter, grauer Tag wäre. Wer könnte behaupten, er kenne die schönen Gefühle innerhalb der vertrauten Gesellschaft von Freunden, wenn er nicht erfahren hätte, wie sich Einsamkeit und Isolation anfühlen. Egal, wie wir es angehen, wir kommen nicht umhin, einzugestehen, dass es das Eine ohne das Andere in dieser Form nicht geben könnte. Zwei duale Aspekte sind also nur zwei Pole ein und derselben Sache.

Wir sprechen gerade bei Liebe oft von universeller Energie. Schauen wir uns auch dieses Thema einmal genauer an, dann ist Liebe pure Energie. Interessiert man sich für etwas gar nicht, steckt man auch überhaupt keine Energie in diese Sache, ignoriert man es völlig. Das Gegenteil von Liebe wäre also Ignoranz. Grafisch dargestellt könnte es also so aussehen:

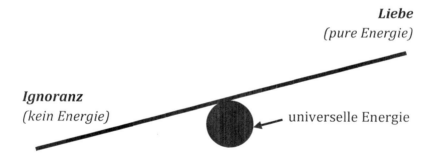

Liebe
(pure Energie)

Ignoranz
(kein Energie)

universelle Energie

Liebe und Ignoranz beschreiben zwei Formen dieser universellen Energie. Sie ergänzen sich. Genauso wie Frühling und Herbst die Jahreszeiten beschreiben, die aufbauend oder abbauend sind, Einsamkeit und Gesellschaft zwei Formen der Verbindung zu Menschen sind sowie Dunkelheit und Helligkeit nur den Grad an Licht wiedergeben.

Der ausgleichende Aspekt
der Dualität

„Die Dosis macht das Gift."
Paracelsus

Die scheinbar unvereinbaren Gegensätze oder - wie wir bereits gelernt haben, die zwei Aspekte einer Sache - sind ebenso dazu da, sich auszugleichen. Sie regulieren sich gegenseitig, damit nichts in ein Extrem kippt. So funktioniert unser Leben seit Millionen von Jahren.

Auf Sonne folgt Regen, denn beides wird zum Leben benötigt. Von uns, den Tieren und den Pflanzen. Ist es zu trocken, zu dürr, zu heiß, wird der ausgleichende Aspekt des Regens immer dringender. Alles droht zu verdursten. Und der einsetzende Regen ist dann eine wahre Wohltat. Im entgegengesetzten Fall ist nach einer langen Regenzeit auch die Sonne, Trockenheit und Wärme wieder nötig. Sonst ertrinkt alles.

Innerhalb dieses Beispiels sehen wir, dass jeweils ein Übermaß des einen Extrems nicht gut ist und zu Problemen führt. Der andere Aspekt gleicht dies jedoch wieder aus. Und das passiert sowohl in die eine als auch in die andere Richtung. Schauen wir uns dazu noch ein Beispiel an:

Wenn du immer wieder ungesunde und überzuckerte Dinge zu dir nimmst und nach und nach immer mehr an Gewicht zulegst, ist das schlecht für deine Gesundheit und deine Einstellung, dein Selbstwertgefühl und die Liebe und Achtung dir selbst gegenüber. Es wird nötig sich gesünder zu ernähren und auf Zucker mehr und mehr zu verzichten. Tust du es nicht, dann warten Folgeerkrankungen auf dich und können dich sogar in Lebensgefahr bringen. Andersherum ist eine radikale Diät, in der du nichts mehr zu dir nimmst oder kaum noch etwas isst und dich völlig abmagern lässt auch nicht gut. In diesem Falle solltest du mehr essen und wieder etwas zunehmen. Tust du es nicht, drohen dir auch hier gesundheitsschädigende bis lebensbedrohliche Situationen. Die Heilung eines Zustandes – egal, worum es sich handelt – liegt also darin, sich wieder in Richtung Gegenteil zu bewegen. Es geht in diesem Beispiel dabei immer um Ernährung. Wie viel du wovon isst, bestimmt nun also deinen körperlichen und gesundheitlichen Zustand. Die Dosis macht das Gift.

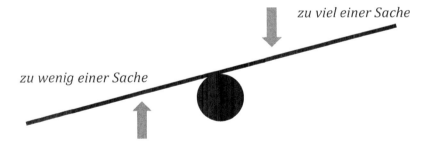

zu viel einer Sache

zu wenig einer Sache

Du kannst dieses Beispiel auf alles im Leben ummünzen. Du wirst immer wieder zu der gleichen Erkenntnis kommen. Der eine Aspekt einer Sache gleicht die andere wieder aus und bringt sie in die Mitte, ins Lot.

Was wir oft leider nicht sehen wollen, ist, dass es sich mit der Liebe bedauerlicherweise nicht anders verhält. Auch hier ist es die Ausprägung, die bestimmt, ob etwas noch gesund ist oder nicht. Wir selbst wünschten, dass es anders wäre. Aber all unsere Naturgesetze, die sich alle auf diese universelle Energie – die Liebe – gründen lassen, machen natürlich nicht vor der Liebe selbst halt. Wer zu sehr liebt, verliert sich selbst aus den Augen, weil er nur noch beim anderen ist. Wer zu wenig liebt, verliert den anderen aus den Augen, weil er ihn ignoriert und nur an sich selbst denkt. So ist es leider, und man kann dieses Phänomen überall beobachten. Schau dir dazu einfach einmal die Beziehungen innerhalb deiner Umgebung an. Wo liebt der eine Partner mehr als der andere. Frage dich einmal ob nur einer, keiner oder beide Partner dabei wirklich glücklich sind. Du wirst höchstwahrscheinlich feststellen, dass beide dabei nicht unbedingt gut weg kommen. Der Partner, der zu wenig liebt, bringt sich selbst um die schönsten und innigsten, zweisamen Momente, die Freude des Gebens innerhalb einer Partnerschaft. Der Partner, der zu viel liebt, leidet immer wieder darunter, dass sein vieles Geben keine Früchte trägt, er nichts zurückbekommt. Beide Wege – zu viel und zu wenig – scheinen also nicht wahrhaft glückversprechend zu sein.

Der Wandlungsaspekt der Dualität

„Das einzig Beständige ist der Wandel."

Friedrich Engels

Nun könnte man nach all den vorangegangenen Ausführungen glauben, dass ein ausgeglichener, mittiger Zustand, den man stabil hält, das Beste wäre. Das ist leider nur im Ansatz richtig bzw. die halbe Wahrheit. Ein Zustand der stabil gehalten wird, der fixiert ist, sich nicht bewegt, ist nämlich nicht mehr lebendig. Es wäre ein Zustand von Stillstand. Und Stillstand ist Tod. Und in der Mitte heben sich positiv und negativ völlig gegenseitig auf. Was übrig bleibt, ist: nichts.

Jemand, der auf der Straße stehen bleibt, geht weder vor noch zurück. Es findet also keine Bewegung statt. Er käme niemals an ein Ziel, wäre starr und steif. Stell dir auch einmal vor, wie das Meer ohne Ebbe und Flut aussehen würde. Ein ruhiges glattes Meer ohne Wellen. Die Nährstoffe würden im gesamten Ozean nicht mehr zirkulieren. Alles käme zum Erliegen und würde irgendwann zugrunde gehen. Wir brauchen also den stetigen Wandel, um Leben überhaupt möglich zu machen. Wir brauchen das Spannungsfeld zwischen beiden Aspekten der Dualität, um Bewegung zu schaffen, Lebendigkeit und Wachstum.

Das Leben ist also ein beständiges Auf und Ab der Kräfte, der Aspekte der Dualität. Wie die Wellen im Ozean sich auf und ab bewegen, haben wir alle mal ein Hoch, dann wieder ein Tief. Wir fühlen uns mal wohler, dann wieder etwas schlechter. Aber nur in diesem Spannungsfeld können wir existieren. Denn es ermöglicht uns Veränderungen und Wandel.

Die eigene Mitte, die wir anstreben, ist also ein ausgewogenes Verhältnis zu uns selbst, aus dem heraus wir in der Lage sind, den manchmal stürmischen Wellengang des Lebens zu meistern. Wir lernen, gleich gegenzusteuern, wenn etwas in Schieflage gerät, statt zu warten, dass sich alles in ein Übermaß von etwas bewegt und kippt. Wie eine Waage lernen wir zu balancieren. Und je mehr wir diesen Drahtseilakt üben, desto besser können wir den Tanz auf dem Seil vollführen und desto leichter wird er.

Dualität in Beziehungen

„Wenn man Liebe nicht bedingungslos geben und nehmen kann, ist es keine Liebe, sondern ein Handel."

Emma Goldman

In der Liebe und in Beziehungen bedeutet das für uns, dass wir alle einmal mehr geben und dann wieder einmal mehr nehmen. Wir müssen beides können, um eine gesunde Beziehung mit Bestand herzustellen. Denn wenn einer nur gibt, der andere nur nimmt, haben wir eine Schieflage, die auf Dauer nicht gut geht. Weder für den einen, noch für den anderen. Wir möchten möglichst auch beide Aspekte leben. Liebe geben ist doch so etwas Schönes. Wir bereichern uns im Geben selbst. Es gibt doch keinen schöneren Moment, als zu sehen, wie der andere sich der Liebe, die wir geben, hingibt und sie genießt, sie förmlich trinkt. Aber Liebe zu empfangen, zu spüren, selbst zu trinken, ist ebenso schön und genauso Balsam für unsere Seele wie für den anderen.

Wir oft hören wir jedoch von Herzmenschen, dass sie sagen: „Ach, ich bin doch nicht so wichtig. Hauptsache der andere ist glücklich." Aber genau das ist schon der falsche Ansatz. Wie kann ein Part einer Beziehung, die aus zwei Hauptpersonen bestehen soll, nicht wichtig sein? Wie soll sich ein Gleichgewicht in einer Beziehung einstellen, sich beide auf Augenhöhe begegnen, wenn der eine sich klein hält, während er den anderen in den Himmel hebt? Wir müssen erkennen, dass es niemandem etwas bringt, wenn man die eigenen Bedürfnisse unter den Teppich kehrt; wir im Gegenteil - nach dem Dualitätsprinzip - sogar noch dazu beitragen, dass die Beziehungen, die wir führen, unausgewogen und einseitig sind. Fordern wir den anderen nicht auf, uns ebenfalls zu geben, sagen wir ihm vielleicht noch, es sei nicht nötig und ersticken Bemühungen im Keim, weil es uns unangenehm ist, selbst etwas anzunehmen, dann rauben wir uns selbst die Chance auf eine beglückende Beziehung.

Dies gilt natürlich für alle Beziehungen, ob es sich dabei nun um die Familie, Freunde oder auch Partnerschaften handelt. Denn meist geht das auch nur für eine gewisse Zeit gut. Irgendwann setzt immer der Punkt ein, wo wir uns fragen, warum wir nichts zurückbekommen. Dabei haben wir selbst dafür den Samen gelegt. Wir haben uns selbstverständlich gemacht. Und diese Selbstverständlichkeit macht uns ab einem gewissen Punkt traurig. Denn wer möchte schon so genommen werden? Dann beginnen wir, uns ebenfalls zu fragen, warum niemand uns unterstützt, unsere ganze Hingabe schätzt oder uns auch so viel Liebe gibt?

Und wenn wir einmal genau hinsehen, ist die Situation eines Herzmenschen doch auch paradox: Alles, was er für den Menschen, den er liebt, tut, macht er unter anderem auch aus der

Absicht heraus, selbst geliebt zu werden. Das ist ganz natürlich. Wir brauchen alle Liebe und möchten von einem anderen Menschen geliebt werden. Bekommt er dann jedoch die Liebe geschenkt, die er sich wünscht, kann er sie nicht annehmen, reduziert seinen eigenen Wert und stößt damit dieses Geschenk oft sogar selbst weg. Er hindert sich selbst daran, die Liebe zu bekommen, die er sich wünscht, weil er die Tür selbst von innen verschließt.

Um in den Ausgleich, in die Mitte des Spannungsfeldes Dualität zu gelangen, wo alles möglich ist, ist es also essenziell wichtig, das Annehmen, Genießen und Freuen an erhaltener und gegebener Liebe zu lernen. Denn die Dualität möchte auch in Beziehungen in einem Ausgleich stehen, damit sich die Liebe in ihrem ganzen Potenzial entfalten und damit wachsen, verstärken und vervielfältigen kann.

Duale Seelen

„Die Liebe braucht ein Spiegelbild, um sich selbst in ihm erkennen zu können.‟

Ricarda Sagehorn & Cornelia Mroseck

Duale Seelen sind ebenso konzipiert und richten sich nach den universell gültigen Gesetzen. Nach dem eben erläuterten Dualitätsprinzip muss es also sogar so sein, dass jeder Mensch eine ihm entsprechende Dualseele hat. Ob er ihr nun schon begegnet ist oder nicht. Es gibt sie.

Das bedeutet aber wiederum auch, dass eine Dualseele nur aus jeweils zwei Menschen besteht. Immer wieder hören wir von sogenannten zweiten, dritten oder gar vierten Dualseelen. Das Wort Dualität kommt aber aus dem Lateinischen Begriff „dualis‟, das „zwei enthaltend‟ bedeutet. Es kann also keine zweite, dritte oder wievielte Dualseele auch immer geben. Dann wäre sicherlich auch die Begrifflichkeit eine andere. Wir wollen gar nicht ausschließen, dass es vielleicht auch Konstellationen gibt, die sich wie Drillinge oder andere Mehrlinge darstellen. Aber eine Dualseele ist das dann sicherlich nicht.

Zwei zueinander gehörende Dualseelen sind also die direkten Spiegelbilder für einander. Es gibt nichts, was uns direkter widerspiegelt als dieser eine Mensch.

Er zeigt uns die schönsten Seiten unserer Persönlichkeit. Leider aber auch die größten Missstände. Zum Einen zeigen sie uns, zu welcher Art Liebe wir überhaupt fähig sind, wie weitreichend und beglückend diese Gefühle sind. Welche Höhenflüge wir mit wahrer Liebe erreichen können. Wie sehr wir uns wünschen zu verschmelzen, mit jemandem Eins zu sein – im wahrsten Sinne des Wortes. Zum Anderen aber, weist die Dualseele uns aber auch darauf hin, wo wir selbst nicht in der Lage sind, diese himmlische Erfahrung zuzulassen. Sie zeigt uns, wo unsere Mankos sind, diese Liebe überhaupt leben zu können.

Um das jedoch sehen zu können, brauchen wir eben genau diesen einen Menschen, der diese Fähigkeiten in sich vereint und sie uns zeigen kann. Deshalb hat man auch das Gefühl, dass der andere scheinbar genau das Gegenteil von dem tut, was man selbst in bestimmten Situationen unternehmen würde. Es scheint wirklich spiegelverkehrt zu sein.

Während der Loslasser sich einfach nur in diese Liebe fallen lassen möchte, ins ewige Eins werden, geht der Gefühlsklärer, der Kopfmensch, sein Gegenstück genau in solchen Momenten auf Rückzug und entzieht sich damit dieser Nähe. Wenn der Loslasser klären und sprechen möchte, wird die Dualseele unterdessen still und verstummt. Wo der Herzmensch nur von Gefühlen spricht, ist der Kopfmensch in der Vernunft.

Wo der Loslasser jedoch auch einmal vernünftig sein sollte, schafft er es jedoch nicht, sondern folgt blind seinem Herzen oft leider in die nächste Verletzung. Und da, wo der Gefühlsklärer seine Gefühle zeigen sollte, wirkt er – weil er es einfach nicht kann – plötzlich kalt und abweisend.

Der Sinn hinter dieser Verbindung besteht also darin, diese Mankos für sich zu erkennen und zu verändern. Mit der Hilfe des Gegenstücks. Das Gegenüber spiegelt die Fähigkeiten, die uns fehlen, die bei uns selbst „unterentwickelt" sind, damit wir eine Möglichkeit haben, daran zu arbeiten und somit in eine wundervolle Mitte und zu uns selbst zu finden.

Der Loslasser

Der Herzmensch der Dualseelenliebe

Der Loslasser ist der Herzmensch der Dualseelenverbindung und eine ganz besondere Gattung der liebevollen Art: als Frau die beste Freundin, die aufopfernde Tochter, der immerwährende Kummerkasten, die treu sorgende Ehefrau, die fürsorgliche Mutter. Und als Mann der beste Freund aller Frauen, der gute Kumpel und der weiche Kerl. Loslasser sind immer erreichbar, Tag und Nacht für die Menschen da, die sie mögen und lieben. Oft sogar für die, die sie nicht mögen. Sie sind diejenigen, die sich für alle anderen aufopfern und immer ihre Liebe geben. Egal, wo und wann sie gebraucht wird. Sie sind die Art Mensch, mit der man Pferde stehlen und - wenn es sein muss - auch zurückbringen kann. Allzeit bereit, alles für ihre Lieben zu geben, hilfsbereit und hingebungsvoll.

Du kennst das sicherlich auch aus eigener Erfahrung. Als Loslasser gibst du alles für deine Lieben. Und wenn es die letzte Kraft kostet oder das letzte Hemd ist. Als Herzmensch kann man einfach schlecht Nein sagen, lässt sich auch nachts aus dem Bett klingeln, hat immer ein offenes Ohr für die Sorgen und Nöte der anderen.

All das sind fantastische Eigenschaften und wundervolle Charakterzüge. Wir hätten sicherlich eine andere Welt, wenn mehr Menschen so wären. Aber oft geht dieses sehr, sehr liebevolle Verhalten zulasten der eigenen Kräfte und Bedürfnisse. Die ganze Aufmerksamkeit, Liebe und Hingabe, die Loslasser für andere Menschen aufbringen können und auch wollen, haben sie oft nicht für sich selbst. Und in einer Welt voller Beziehungen – auch der zu uns selbst – haben wir hier eine Schieflage, die auf Dauer einfach nicht gut geht. Und was oftmals noch damit einhergeht, ist die Tatsache, dass diese Menschen oft nicht die Liebe zurückbekommen, die sie geben. Sie sind häufig sogar eher enttäuscht und bleiben auf der Strecke, wenn es um die Verteilung von Aufmerksamkeit, Anerkennung, Zuneigung und auch Liebe geht.

Um diese Schieflage geht es auch in den Lernaufgaben, die der Loslasser für seine seelische Entwicklung hat. Es gilt sie aufzulösen, die vernachlässigten Fähigkeiten zu entwickeln, darum eine Mitte herzustellen, aus der man kraftvoll handeln kann. Denn wenn wir uns mal die Charakterisierung ansehen, dann fehlen Dinge, die für jeden Menschen, ob Loslasser oder nicht, jedoch essenziell sein sollten. Dazu gehören unter anderem auch:

- Situationen zu verlassen, die nicht guttun
- die eigenen Bedürfnisse wahrnehmen und auch umzusetzen
- einmal nein sagen zu können, wenn man verletzt wird
- sich abzugrenzen, wenn etwas zu viel wird
- und gut zu sich selbst zu sein

Schauen wir uns einmal an, worauf der Loslasser in der Kindheit geprägt wird, stellen wir schnell fest, dass es die typischen Eigenschaften sind, die man – leider auch heute noch in unserer Gesellschaft - von Mädchen erwartet. Mädchen dürfen nämlich gerne ihre Gefühle zeigen. Sie dürfen weinen und emotional sein, was den Jungs oft nicht zugestanden wird. Sie sollen sich eher zurückhaltend benehmen, nicht zu sehr auffallen. Was auch bedeutet, dass sie ihre Bedürfnisse bitte eher zurückhalten. Mädchen, die zu stark etwas einfordern und ihren eigenen Kopf haben, werden oft noch als unangenehm und nicht rollengerecht empfunden. Sie sollen lieber brav und still sein. Außerdem wird von ihnen erwartet, anderen zu helfen, sich um die Familie und Freunde zu kümmern, sich aber sonst lieber passiv im Hintergrund zu halten. Sie sollen Mitgefühl zeigen, wenn es anderen schlecht geht und ihnen Trost spenden. Ihre Warmherzigkeit, Häuslichkeit, Mütterlichkeit und weiche Seite will gesehen werden.

Die Eigenschaften, die wir eher Jungen zusprechen und als „jungsgerecht" empfinden, werden beim Mädchen eher negiert und als nicht wertvoll angesehen. Schon allein aus diesem Grund sind unserer Erfahrung nach etwa 95 % der Loslasser weiblich und nur ein geringer Teil Männer. Und heraus kommt dabei dann zwar ein unheimlich warmherziger und liebevoller Mensch, der immer und allezeit für die Bedürfnisse anderer da ist, aber leider nie gelernt hat, auch sich selbst wahrzunehmen und genauso wichtig einzustufen, wie die Menschen in seinem Umfeld.

Der Gefühlsklärer ist dagegen ganz anders geprägt. Er ist auf die für uns eher klassisch männlichen Eigenschaften konditioniert worden, was den weiblichen in unserem dualen Verständnis genau gegenübersteht. Das heißt, er ist derjenige, der seine Gefühle ungern zeigt, weil er in der Kindheit - trotz seines emotionalen Reichtums – für seine gefühlvolle Seite eher abgelehnt wurde. Denn Jungs müssen stark sein, dürfen nicht weinen und sollen nicht zu weich wirken. Auch heutzutage empfindet man weitläufig in unserer Gesellschaft sehr emotionale Männer noch als „Weichei" oder als „unmännlich". Sie sollen sich auf Karriere und ein gutes Einkommen vorbereiten und konzentrieren, damit sie später eine Familie ernähren können. Sie müssen lernen sich durchzubeißen, sollen ehrgeizig und zielstrebig sein und in unserer Welt etwas darstellen.

Triffst also du als Loslasser auf deinen Gefühlsklärer, prallen hier buchstäblich Welten aufeinander. Sie sind - wenn es um das Thema Liebe geht - wirklich dual. Und das möchten wir dir anhand einer Tabelle einmal verbildlichen:

Der Loslasser	Der Gefühlsklärer
der Herzmensch in der Dualseelenverbindung	der Kopfmensch in der Dualseelenverbindung
sehr emotional	sehr rational
will Liebe leben mit Haut und Haaren	hat Angst vor zu viel Gefühlen und zu viel Nähe
redet gern über Gefühle	redet kaum über Gefühle
sehr auf andere bezogen	eher auf sich bezogen
warmherzig	eher kühler und härter
auf die inneren Werte und auf Gefühle ausgerichtet	auf die äußeren Werte und Materielles ausgerichtet
kaum Selbstschutz	hoher Selbstschutz
weniger zielstrebig und weniger erfolgsorientiert	sehr zielstrebig und erfolgsorientiert

Natürlich ist das nur eine grobe Richtlinie und Teile können individuell immer wieder variieren. Aber im Großen und Ganzen kann man beide – Loslasser und Gefühlsklärer – in etwa so darstellen.

Wenn wir uns nun noch mal die Dualität und die dahinter stehenden Prinzipien ins Gedächtnis rufen, dann wird klar, dass beide Dualseelenpartner in einem Ungleichgewicht mit sich selbst leben. Beide leben eine Seite der jeweiligen Medaille im Übermaß, während die andere eher schwach entwickelt ist. Und genau das wird zum Problem, wenn es um eine lebbare Beziehung für beide geht. Und um diese Problematik zu beheben, müssen wir für einen Ausgleich, eine ausgeglichene Mitte sorgen.

Generell können wir sagen, dass der Loslasser die Dinge lernen muss, die der Gefühlsklärer gut beherrscht. Der Gefühlsklärer wiederum muss die Dinge lernen, die der Loslasser gut kann. Sie spiegeln sich also innerhalb ihrer Lernaufgaben und helfen sich so gegenseitig bei der Entwicklung. Wobei ganz klar gesagt werden muss, dass es nicht darum geht, ins andere Extrem zu verfallen, sondern sich in der Mitte zu treffen. Denn da ist die Beziehung zwischen beiden Partnern endlich in all ihrer Schönheit möglich.

Was der Loslasser ist und kann, muss der Gefühlsklärer lernen
Liebe zulassen
über Gefühle reden
herzoffen und warmherzig sein
auf die Bedürfnisse anderer eingehen
Rücksicht auf andere nehmen
den anderen nicht überfahren
liebevolle Kompromisse eingehen
gefühlvolle Bindungen zulassen

Was der Gefühlsklärer ist und kann, muss der Loslasser lernen
Kopf mit einschalten
klare Entscheidungen treffen
die eigenen Bedürfnisse berücksichtigen

auch mal kompromisslos werden, wenn es nötig ist
sich den Gefühlen nicht ausliefern
Gefühle auch mal kontrollieren
Ziele entwickeln
konsequent diese Ziele verfolgen

In der ungeklärten Situation jedoch, fordern sich beide Partner immer wieder gegenseitig heraus. Beide handeln noch aus alten Ängsten sowie alten Prägungen und Mustern heraus und müssen noch lernen, diese zu überwinden.

Solange wir uns jedoch in einem Kreislauf aus Ängsten befinden, sind beide Partner gefangen. Denn immer wieder zieht sich der Gefühlsklärer aus Angst vor der so großen Liebe und der eigenen Verletzbarkeit zurück. Das setzt die Angst beim Loslasser frei, seinen Dualseelenpartner zu verlieren. Er geht also voller Hoffnung und Erwartungen wieder auf seinen Gefühlsklärer zu und möchte doch nur klären und zeigen, dass dieser keine Angst zu haben braucht. Und gerade wegen der Verlustangst des Loslassers und seiner Bemühungen steigt der Erwartungsdruck beim Gefühlsklärer. Die Folge ist dann oft und bedauerlicherweise, dass er sich nur erneut zurückzieht. Denn die emotionale Haltung und die unausgesprochenen Erwartungen verunsichern ihn leider nur noch mehr. Und

durch den erneuten Rückzug steigt wiederum die Verlustangst des Loslassers. Der Kreislauf ist perfekt.

Der Kreislauf der Angst

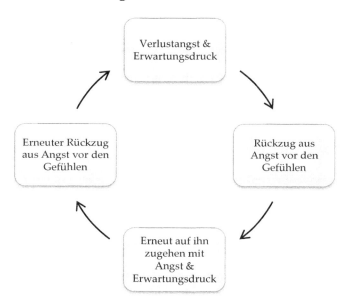

Der Loslasser hat innerhalb der Dualseelenkonstellation zum
Glück die Stellung, die diesen Kreislauf als Erster durchbre-
chen kann. Deshalb ist er auch derjenige, der die Klärung der
Lernaufgaben in Bewegung bringen kann. Denn er ist als ein-
ziger gewillt und bereit alles für diese Liebe zu tun. Er muss
nur den Mut aufbringen, sich seinen Lernaufgaben zu stellen.
Und mit der Erledigung der Lernaufgaben wird auch der Weg
für eine gemeinsame und glückliche Beziehung freigemacht.
Es lohnt sich also.

Wenn du mehr über die Zusammenhänge der Lernaufgaben von Loslasser und Gefühlsklärer erfahren möchtest, wie sie sich gegenseitig bedingen und fördern, welche energetischen Prozesse dazugehören und dergleichen mehr, dann möchten wir dir an dieser Stelle unser erstes Buch „Dualseelen & die Liebe" noch mal ans Herz legen. Hier erfährst du alles, was du dazu wissen musst. Jetzt möchten wir uns jedoch ganz auf dich als Loslasser und deine Lernaufgaben konzentrieren.

Lernaufgaben und Tipps

> „Für Wunder muss man beten, für Veränderungen
> aber arbeiten."
>
> *Thomas von Aquin*

Wir möchten uns jetzt gemeinsam mit dir an die Lernaufgaben machen, sie dir noch einmal genau erläutern und dann mit Tipps und Strategien dafür sorgen, dass du sie besser meistern kannst.

Die großen Lernaufgaben, die auf den Loslasser in einer Dualseelenverbindung zukommen, sind:

- Ängste überwinden
- Loslassen
- Selbstliebe
- Grenzen setzen
- Das Leben genießen

Habe bei all den Lernaufgaben im Hinterkopf, dass sie sich nicht scharf abgrenzen lassen. Sie gehen fließend ineinander über. Das heißt, dass dir auch in späteren Lernphasen immer mal wieder Dinge auffallen werden, wo du vielleicht Angst hast, oder du etwas loslassen musst. Trotz allem ist es entscheidend am Anfang zu beginnen, denn sie bauen zwangläufig aufeinander auf. Wenn du beispielsweise die Ängste nicht überwindest, wird Loslassen zur Unmöglichkeit. Stellst du dich dem Thema Selbstliebe und Selbstachtung nicht, wirst du nie richtig in der Lage sein, Grenzen setzen zu können. Denn diese Dinge hängen unmittelbar zusammen.

Außerdem muss man wissen, dass vier von den Lernaufgaben sich paarweise zusammentun. Beginnst du also deine Ängste aufzulösen, beginnst du zeitgleich auch mit dem Loslassen. Schließlich halten wir Loslasser nur fest, weil wir solche Angst haben, diesen geliebten Menschen zu verlieren. Genauso ist es mit der Selbstliebe. Wenn du diesbezüglich beginnst, an dir zu arbeiten, wirst du auch feststellen, dass du schneller bereit bist, Grenzen zu setzen. Die Lebensfreude jedoch kommt als Resultat der anderen vier Lernaufgaben daher und ist das Leben, das du genießen darfst, wenn die harte Arbeit an dir selbst hinter dir liegt.

Aber legen wir einfach los.

Ängste überwinden

> „Furcht besiegt mehr Menschen als irgendetwas
> anderes auf der Welt."
>
> *Ralph Waldo Emerson*

Ängste sind so eine Sache in unserem Leben. Denn die meisten davon sind anerzogen oder erlernt. Im Groben und Ganzen kann man sagen, ohne allzu psychologisch zu werden, dass es zwei Formen von Urängsten gibt, die tatsächlich angeboren sind. Und diese kennen wir aus dem Sprichwort: Knall auf Fall. Die Ängste, die sich also natürlicherweise bei jedem Menschen reflexartig zeigen, sind die vor lauten Geräuschen und vor dem Fallen. Bei allen anderen Ängsten können und müssen wir davon ausgehen, dass ihnen bestimmte, schlechte und eventuell sogar traumatische Erfahrungen vorausgehen, oder auch anerzogen und erlernt sind. Nicht alle davon sind jedoch schlecht, sondern schützen uns. So sollte es jedenfalls sein.

Wenn wir uns diesbezüglich einmal die Tierwelt ansehen, dann hat die Angst eine wichtige Funktion, so wie alle Gefühle, die wir empfinden können. Merkt beispielsweise ein Kaninchen, dass sich ein Fuchs nähert, dann stellt sich alles im Kaninchen auf Alarm und Flucht. Und es wird entsprechend handeln und fliehen. Die Angst übernimmt diese Alarmfunktion, um das Überleben des Kaninchens zu sichern. Was man aber auch wissen muss, ist, dass das Kaninchen keinerlei Angst empfindet, wenn kein Fuchs in der Nähe ist. Es mag zwar wachsam sein, aber ängstlich ist es nicht. Es macht sich keinerlei Gedanken über Eventualitäten, die gegebenenfalls eintreten können, da ihnen die nötige Fantasie dazu fehlt. Wir Menschen jedoch haben diese Fantasie. Wir können alles auch gedanklich durchspielen. Im günstigsten Falle schützt uns das zusätzlich, denn wir können Risiken kalkulieren und zu großen Gefahren damit aus dem Weg gehen. Aber sie kann auch unnütze Ängste produzieren, weil wir plötzlich alles fürchten, was eventuell eintreten könnte, obwohl es noch gar nicht so ist. Das kann sogar so weit gehen, dass wir uns vor Dingen fürchten, die objektiv betrachtet sehr unwahrscheinlich sind oder gar völlig unmöglich.

So können wir uns beispielsweise vor einem sehr unwahrscheinlichen Flugzugabsturz fürchten und uns weigern ins Flugzeug zu steigen. Die Wahrscheinlichkeit, dass der Absturz tatsächlich eintritt, liegt nämlich nur bei 11: 11.000.000. Oder wir fürchten uns beispielsweise als Kinder vor Monstern im Schrank. Die tatsächliche Wahrscheinlichkeit, dass ein Monster im Schrank sitzt, ist aber gleich null, also unmöglich.

Trotzdem fürchten wir uns nur, weil wir darüber nachdenken und unsere Fantasie mit uns durchgeht. Und die Symptome, die wir dabei zu erleiden haben, sind genauso da, wie wenn wir im realen Leben plötzlich einem Tiger Aug in Aug gegenüber stehen würden. Es ist unserem Körper also völlig egal, ob ein realer Grund für eine Angst vorliegt, oder wir nur über beängstigende Situationen und Umstände nachdenken. Es wird der gleiche Stress ausgelöst. Und dazu gehören:

- Unruhe
- schneller Puls
- erhöhter Blutdruck
- schwitzige Hände
- Blässe oder Erröten
- Ausschüttung des Stresshormons Adrenalin
- beklemmendes Angstgefühl

Nehmen solche Szenarien im Kopf zu und die dazugehörigen Ängste überhand, spricht man von dysfunktionalen Ängsten, die unnütz und verselbstständigt sind. Denn sie schützen uns ja nicht vor realen Bedrohungen, sondern sind nur Kino in unserm Kopf. Und diese Verselbstständigung kann bis hin zu Panikattacken führen.

Sinnige oder unsinnige Ängste

Natürlich möchte niemand von uns Angst haben oder zumindest so wenig wie möglich. Wir entwickeln also alle unterschiedliche Strategien, um Ängsten und unangenehmen Gefühlen aus dem Wege zu gehen. Nicht immer gelingt uns das allerdings befriedigend.

Wir entwickeln demnach Charakterzüge und Eigenarten, die dieser Vermeidungsstrategie dienen und die unseren bereits gemachten, schlechten Erfahrungen entsprechen. Das kann uns unter bestimmten Umständen anstrengend und kompliziert machen – auch für uns selbst. Ob das so ist, hängt jedoch von der Intensität der Angst ab. Und wie intensiv sie sind, machen unsere Ängste sinnig oder unsinnig.

So passen wir beispielsweise auf, wenn wir uns als Kind schon einmal die Finger an einer Herdplatte verbrannt haben. Wir entwickeln nach dem Erlebnis eine Angst, die sich auf Hitze bezieht und sind beim nächsten Mal entsprechend vorsichtiger, wenn es darum geht, mit den Händen der Herdplatte zu nahe zu kommen. Unter diesen Voraussetzungen ist Angst also etwas Gutes, denn sie bewahrt uns vor neuem Schaden.

Ängste können jedoch auch entgleisen. Das heißt, sie entwickeln ein Potenzial, das in Bezug auf eine verständliche und nachvollziehbare Schutzfunktion völlig übertrieben ist. Bleiben wir einmal bei dem Beispiel mit dem Herd und übertreiben es nun ein wenig. Stell dir einmal vor, dass jemand genauso eine Erfahrung als Kind gemacht hat. Trotz der Warnung von Mutter fasste das Kind auf die Herdplatte und verbrannte sich die Finger. Von da an hat es einen riesigen Bogen um den „doofen" Herd gemacht und wollte mit ihm nichts mehr zu tun haben. Nun ist das Kind jedoch eine erwachsene Person und hat über die Jahre nun eine Art Phobie vor Herden entwickelt. Die Angst vor dem Herd ist so groß, dass diese Person nicht kocht, Küchen und andere Räume mit Herden oder ähnliche Situationen sogar meidet. Einfach weil sie Angst hat, sie könnte sich wieder die Finger verbrennen. Vielleicht bekommt sie in Küchen sogar Panik oder auch wahre hysterische Anfälle.

51

Du stimmst mit uns sicherlich überein, wenn wir sagen, dass diese Reaktion und Angst überzogen und nicht mehr angemessen wäre, oder? Es kommt also auch immer darauf an, in welcher Intensität Ängste vorhanden sind, damit sie uns dienen. Ist diese Intensität zu hoch, schränken diese Ängste uns in verschiedenen Lebensbereichen ein. Diese Person würde zum Beispiel nie erleben, wie schön es ist, mit Freunden oder den eigenen Kindern zu kochen. Vielleicht wäre Kochen sogar ein tolles Hobby oder auch eine Berufung für sie, wenn sie gerne isst und zubereitet. Es wäre für sie aber unmöglich, diese Tätigkeit auszuführen, wenn sie diese übertriebe Angst nicht mindern könnte. Ist jedoch die Intensität der Angst zu niedrig, sind wir zu risikobereit und lernen aus gemachten Erfahrungen nicht. Das Fazit wäre, dass wir uns immer wieder die Finger verbrennen würden, weil wir nicht entsprechend aufpassen. Auch beim Thema Ängste gilt es also, einen Mittelweg zu gehen. Um gut leben zu können, sollten wir also weder zu wenig noch zu viel Angst haben. Da winkt uns doch glatt wieder die Dualität.

Das Maß der Angst, ihre Intensität, ist also entscheidend, wie wir uns verhalten, und ob uns eine Angst nützt oder gar stört bzw. schadet.

Jetzt mag das eben angeführte Beispiel noch unbedeutend und „lebbar" sein. Keine allzu großen Einschränkungen ergeben sich. Vielleicht ist es sogar etwas witzig, weil es vornehmlich einmal uns selbst betrifft. Was aber, wenn es sich diese Ängste auf unsere Beziehungen zu anderen Menschen beziehen und unseren Umgang mit ihnen bewusst oder unbewusst beeinflussen? Dann wird es schon schwieriger. Und damit kommen wir der Angst näher, die dich als Loslasser vor allem beutelt, wenn es um deine Dualseele geht.

Die große Verlustangst

Dir große Verlustangst ist die Hauptangst, die einen Loslasser betrifft. Man ist einem Menschen begegnet, der so perfekt scheint, der die eigenen Gefühle in solch derartige Höhenflüge katapultiert, dass man glaubt, im Paradies zu sein. Man hat buchstäblich das Gefühl den „einen Menschen" gefunden zu haben, der absolut zu einem selbst passt. Es gibt nichts Wundervolleres, Schöneres und Bereichernderes als diese Gefühle und diesen Menschen. Und als Herzmensch genießt man dieses Gefühl und möchte am liebsten darin eintauchen, es einfach nur auskosten und leben.

Statt der schönen und beglückenden Liebesbeziehung, passiert aber nach einer Zeit leider Folgendes: Der so perfekt passende Dualseelenpartner kann mit dieser Übermacht an Gefühl nicht richtig umgehen. Es wird ihm zu eng, zu nah, zu viel. Und er zieht sich als Folge dessen zurück, meldet sich nicht mehr oder beißt einen sogar regelrecht mit Verletzungen weg.

Jetzt spätestens setzt die Angst ein, diesen Menschen, der doch so wunderbar ist, den man so unermesslich liebt, wieder zu verlieren. Und es scheint ja auch real zu sein, begründet, denn er zieht sich ja auch tatsächlich erst einmal zurück, verschwindet von der Bildfläche und taucht ab. Und die Verlustangst nimmt unser gesamtes Wesen ein. Hinzu kommt eine unerträgliche Sehnsucht nach ihm, die einen 24 Stunden am Tag, 7 Tage die Woche an ihn erinnert und quält.

Leider fangen wir bedingt durch diese Konstellation plötzlich an, Dinge zu tun, die wir vorher nicht unbedingt getan hätten. Keiner von uns findet es schön, jemandem hinterher zu laufen, immer wieder nach einem dann nicht stattfindenden Treffen zu fragen, liebevoll auf jemanden zuzugehen und dann doch wieder abgewiesen und stehen gelassen zu werden. Wir beginnen durch die Angst und die Sehnsucht, Dinge mit uns machen zu lassen, die wir sonst kaum jemandem durchgehen lassen würden. Wir folgen der Angst, sie gibt unser Handeln und unser Denken vor. Und je mehr Angst wir haben, diesen einen Mensch zu verlieren, desto mehr klammern wir.

Dass das tatsächlich so ist, merkst du vor allem daran, dass du einer Freundin, die dir deine Geschichte erzählt, mit all den Verletzungen, die er dir zugefügt hat, mit all den Enttäuschungen und dergleichen mehr, sicherlich nicht raten würdest, es immer wieder bei diesem Menschen zu versuchen. Aus dieser distanzierten Haltung, mit einem objektiveren Blick auf die Dinge, würdest du sicherlich anderes empfehlen und raten, als das, was du unter Umständen selbst machst. Außerdem würdest du dir manche Dinge, die du dir von ihm bieten lässt, von Freunden oder von der Familie auf gar keinen Fall gefallen lassen. Aus dieser grenzenlosen Angst heraus, nimmst du also Dinge in Kauf, in der Hoffnung auf Besserung, die du unter andern Umständen nicht dulden würdest.

Warum der Verlust gar nicht real ist

Ein wirklicher Verlust wird definiert mit einer Einbuße. Das heißt, dass etwas wirklich und endgültig weg ist. Schaust du aber mal in deine eigene Historie mit deinem Dualseelenpartner, dann wirst du sicherlich feststellen – auch wenn aktuell vielleicht eine Pause, ein Kontaktabbruch da ist – dass auch er irgendwann immer mal wieder auf dich zugegangen ist. Oder auch einfach nur bereit war, sich mit dir zu schreiben oder zu treffen. Er ist also nie endgültig weg. Der Verlust ist nicht wirklich real. Wir denken nur, dass es so sein könnte, dass er sich vielleicht nie wieder meldet, dass er nie wieder kommt, dass er niemals zu seinen Gefühlen steht. Schau dir das also bitte noch mal genauer an. Wann hat er sich auch mal bei dir gemeldet, von sich aus? Wo kamen auch Zugeständnisse von seiner Seite? Hat er dir seine Gefühle eventuell auch schon einmal gestanden? Welche tatsächliche Begründung findet deine Verlustangst?

Achtung: Die Bereitschaft auf dich zuzugehen und/oder sich zurückzumelden, hängt leider sehr oft mit deinem Einsatz ihm gegenüber zusammen. Drückt man ihn wegen der eigenen Ängste permanent in eine Situation, in der er sich eingeengt und „gezwungen" fühlt, wird er sicherlich keine Bereitschaft zeigen, irgendetwas in deine Richtung zu unternehmen. Setzt du ihn also aus deiner Angst und Sehnsucht heraus immer unter Druck, dann wird er erst mal eine Entlastungsphase brauchen, in der man ihn in Ruhe lässt, damit er dann wieder in die bei ihm ebenfalls vorhandene Liebe und Sehnsucht finden und aufgrund dessen auf dich zugehen kann.

Ja, es mag sein, dass er sich zurückzieht. Vielleicht auch über Wochen und Monate. Aber tatsächlich weg ist er nie. Schau dir bitte aufgrund der noch folgenden Kapitel einmal an, ob er einen Grund hatte, dies zu tun.

Liebe ist Akzeptanz

Ganz entscheidend ist, dass Liebe auch Akzeptanz bedeutet. In der Dualseelenkonstellation heißt das vor allem, einmal zu akzeptieren, dass er gerade nicht kann. Dass er ebenfalls Angst hat, dass er Zeit und genauso Ruhe braucht, um sich mit all seinen Themen zu beschäftigen.

Du bist als Loslasser diejenige, die genau weiß, dass man vor Liebe keine Angst haben muss, dass es schön ist, das Lebenselixier, die wundervollste Sache der Welt. Aber es ist wichtig zu begreifen, dass er völlig andere Erfahrungen damit gemacht hat. Für ihn ist Liebe gleichbedeutend mit Verletzungen und Schmerz. Das hat er in der Kindheit erfahren, wo in der Regel Emotionen von ihm als unerwünscht abgelehnt wurden. Das tut einem Kind sehr weh. Denn es ist eine Ablehnung eines Teils seiner Selbst. Und er wird diese Erfahrung in seinem Leben wiederholt haben.

Es ist also eine Entlastung für dich und auch für ihn und seine Situation, wenn du ihm den Raum gibst, den er benötigt, und den er - weil er es nicht richtig kommunizieren kann – durch Rückzüge signalisiert.

Du würdest dir doch sicherlich auch wünschen, dass akzeptiert wird und du in Ruhe gelassen wirst, wenn du nach außen zu verstehen gibst, dass du gerade nicht kannst, dass dich das gerade überfordert und dir Angst macht. Wie würdest du reagieren, wenn du dann weiter unter Druck gesetzt wirst? Wenn man es dann auch noch so gut mit dir meint? Würdest du nicht auch böse und stur werden?

Liebe akzeptiert und kann gewähren lassen. Kannst du also danach handeln, bist du schon auf dem richtigen Weg. Gehst du dennoch auf ihn zu, auch wenn er signalisiert, dass er gerade nicht kann, dann handelst du nach deinen Ängsten. Hab dies mal im Auge, wenn du das nächste Mal überlegst, auf ihn zuzugehen. Nach welchem Gefühl handelst du? Und sei dabei bitte ehrlich zu dir selbst.

~ Liebe vs. Angst *~*

Fühle dich bitte einmal in folgende Emotionen ein und notiere dir, wie sie sich anfühlen. Wie sind sie? Weit, eng? Starr, beweglich? Nutze Adjektive zur Beschreibung.

1.   sehr große Angst
2.   unermessliche Liebe

Außerdem fühl einmal hinein, wie du dich fühlst, wenn jemand mit einem solchen Gefühl auf dich zugeht:

1.   mit unheimlich großer Angst
2.   mit sehr großer Liebe

Wir fühlst du dich, wenn jemand aus Angst heraus auf dich zugeht? Wie wenn jemand aus Liebe auf dich zugeht?

Die Ängste des Gefühlsklärers

Wir wollen nur kurz auf die Ängste des Gefühlsklärers eingehen, denn es ist wichtig zu verstehen, dass der Loslasser als Spiegelbild auch die Ängste des Gefühlsklärers antriggert, um ihm seine Lernaufgaben nahe zu bringen.

Wir haben eben schon erwähnt, dass er Liebe in seinem Leben sehr wahrscheinlich anders erlebt hat als du. Seine Kindheit wird in den meisten Fällen davon geprägt sein, dass seine Gefühlswelt, die bei einem Gefühlsklärer immer sehr tief gehend und ausgeprägt ist, nicht angenommen oder auch abgelehnt wurde. Er ist eher auf materielle Dinge als auf emotionale getrimmt worden. Und seine „Bedürftigkeit" nach echter Liebe wurde ignoriert. Seine Grundangst ist also die Angst vor der Liebe selbst.

Ein solcher Mensch, der auch noch über eine sehr große Sensibilität verfügt, muss in dieser „kalten" Welt eine Schutzmauer errichten, damit er irgendwie durchkommt. Und das möglichst ohne Verletzungen.

Jetzt trifft dieser Mensch auf seinen Loslasser, der all das hat, was er immer vermisst hat:

- Herzenswärme
- unermessliche Liebe

- Geborgenheit
- Verständnis
- und dergleichen mehr...

Durch seine Erfahrungen in der Kindheit vertraut er diesen Dingen aber nicht. Im Gegenteil, er ist völlig überfordert mit den Gefühlen, die er für seinen Loslasser entwickelt und dann kommt von außen dieser Loslasser auch noch immer wieder auf ihn zu und serviert ihm seine tiefsten Ängste quasi auf dem Silbertablett.

Was wir also verstehen müssen, ist Folgendes:

Wir als Loslasser neigen dazu, dem anderen mit unserem lieb Sein, dem Ertragen, dem Verzeihen, dem bedingungslosen Hingeben, immer wieder zu signalisieren, dass er keine Angst haben muss. Wir gehen also voller Liebe auf ihn zu. Doch Stopp! Genau davor – vor Liebe - hat er Angst! Wir gehen also immer wieder mit dem Thema, vor dem er Angst hat, auf ihn zu. Wir servieren sie ihm immer und immer wieder, weil auch wir ängstlich sind. Und wundern uns dann, dass er bissig wird. Es kann in diesem Zusammenhang also nicht die Lösung sein, zu versuchen, ihm die Angst zu nehmen, indem wir immer wieder auf ihn zugehen. Wir sind wieder bei der Akzeptanz. Denn seine Bereitschaft, die Angst zu überwinden, ist ausschlaggebend. Er bestimmt also, wann er sie ablegen will (so wie wir mit unserer Verlustangst ebenso), und nicht wir, weil wir es gerade jetzt für nötig halten und wieder auf ihn zugehen. Es ist also auch hier wichtig ihn erst mal gewähren zu lassen, damit er eine Bereitschaft entwickeln kann, anstatt ihn unter Druck zu setzen.

Sich der Angst stellen

Leider verhalten Ängste sich nicht so, dass sie gehen, wenn wir sie ignorieren. Sie gehen erst, wenn wir uns ihr stellen. Es ist ähnlich wie mit einer Flugangst, die wir erst dann tatsächlich überwinden, wenn wir uns – trotz Angst – in ein Flugzeug setzen, fliegen und dann feststellen, dass es nicht schlimm ist, uns nichts passiert und sogar Spaß machen kann.

Du musst dich also deiner Verlustangst stellen, er sich seiner Angst vor Liebe. Nun kann dich aber niemand zwingen, das Flugzeug zu besteigen. Und je mehr man dich dazu nötigen wollen würde, desto mehr würdest du auf stur stellen und ärgerlich werden. So geht es ihm auch, wenn du immer wieder versuchst, ihm doch zu zeigen, dass Liebe nicht schlimm und kein Grund sich zu ängstigen ist.

Gönne also dir und auch ihm die Wahl des Zeitpunkts. Je weniger man jemanden dabei unter Druck setzt, je mehr Freiraum der andere dabei empfindet, desto eher wird die Bereitschaft da sein. Setze dich also nicht unter Druck, was deine Verlustangst angeht. Schau einfach nur hin, wann sie zuschlägt, und beobachte genau, ob sie dich zum Handeln zwingt oder ob es die Liebe zu ihm ist. Denn du wirst bei der vorigen Übung sicherlich festgestellt haben, wenn jemand mit Angst auf dich zugeht, dass sofort Druck im Raum ist. Stell dich deiner Angst dann und versuche anders zu handeln, als sie es dir in dem Moment diktieren. Denn gehst du (wieder) aus Angst auf ihn zu, erlebt er Druck und Verunsicherung, weil du schon „unter Strom" stehst. Liebe ist ein freies, gewährendes, und wohlwollendes Gefühl, das ihm immer signalisieren wird, dass er nicht unter Druck gesetzt wird, dass akzeptiert wird, was er gerade kann und nicht kann. Es macht die ganze Sache einfach nur leichter.

~ So großer Schmerz *~*

Schließe einmal deine Augen und stell dir vor, welchen Schmerz du erleiden müsstest, wenn du deine große Verlust-angst niemals in den Griff bekommen würdest. Und du be-dingt durch diese Angst, sich die Situation zwischen dir und deinem Gefühlsklärer nicht verändert. Wir würdest du dich fühlen, wenn du in fünf oder gar in zehn Jahren noch immer dieselbe Problematik mit deiner Dualseele hättest. Wir würde dein Leben verlaufen, wenn dieses Problem dich weiterhin im Griff hat und du das zulässt, anstatt aktiv etwas dagegen zu unternehmen?

Vielleicht sagt dir Deine Angst ja: „Naja, wenn ich mich der Aufgabe nicht stelle, dann kann ich auch keine Niederlage einstecken. Dann kann ich ihn auch nicht ganz verlieren. Und damit bleibt mir dann auch der schmerzvolle Verlust erspart."

FALSCH!

Wenn du deine Ängste nicht überwindest, dann wirst du noch viel mehr leiden müssen. Denn wie oft hattest du in der Zwischenzeit schon das Gefühl, dass du ihn verlierst, obwohl du alles dafür getan hast, dass es nicht passiert. Das On und Off dieser Beziehung wird weitergehen. Denn niemand wird dir diese Angst nehmen können, solange du sie zu einem Teil deiner selbst machst. Und wenn du noch mal fünf Jahre in die Zukunft blickst: Wie viel Zeit hättest du vielleicht schon glücklich mit ihm zusammen verbringen können, wenn du die Aufgabe jetzt angegangen und mutiger gewesen wärst? Du wirst dich in fünf Jahren immer fragen, was passiert wäre, wenn du die Angst heute schon überwunden hättest.

Darum stell dir bitte ganz deutlich den Schmerz vor, der in fünf Jahren auf dich warten würde, wenn du die Ängste, die dich hindern, nicht überwindest. Stell dir vor, wie du dich fühlen würdest, wenn in fünf Jahren immer noch alles so ist wie heute. Nichts hat sich verändert. Das Leben geht eventuell weiter an dir vorbei und du schluckst weiterhin Tag für Tag eine bittere Pille nach der anderen. Du kommst einfach nicht aus dir heraus. Auch er ist immer noch nicht da.

Dagegen ist doch ein temporäres, unwohles Gefühl, dass er „vielleicht" blöd auf deine neuen Verhaltensweisen reagiert, dass er es nicht schön findet, wenn auch du mal nein sagst, dass man ihn mal seinen eigenen Rückzug aussitzen lässt, statt ihm hinterher zu telefonieren, ein Klacks!

Denk noch einmal daran: Das Leid und vor allem deine Angst werden nicht gehen, wenn du dich ihr nicht stellst. Wenn du sie nicht dahin verbannst, wo sie keinen Schaden mehr anrichten kann. Auch Verlustängste gehen nur, wenn man sich dem „möglichen Verlust" stellt. Nur dann wirst du erfahren, ob der Verlust „real" wäre. Und selbst wenn er es vorerst wäre, bedeutet das noch nicht, dass er vollends eintritt. Deine Bereitschaft, HEUTE etwas verändern zu wollen, wird darüber entscheiden, wie dein Leben mit ihm in 5 Jahren aussieht.

~ Worst Case Szenario *~*

Wann immer du mit deinem Dual in eine Situation kommst, in der du bemerkst – und dafür ist viel Achtsamkeit nötig -, dass du nach deinen Ängsten und vor allem nach deiner Verlustangst handelst, komme bitte einen Moment zur Ruhe – entziehe dich wenn nötig und möglich aus der Situation und frage dich:

Was ist das Schlimmste, was jetzt passieren kann?

Stellen wir uns einmal vor, deine Dualseele hat dir eine unmögliche SMS geschrieben. Hat dich vielleicht sogar verletzt. Was wäre also das Schlimmste, das passieren könnte, wenn du jetzt nicht zurückschreibst oder antwortest?

Notiere Deine Gedanken, bevor Du weiterliest:

Das Schlimmste, was passieren kann, ist, dass er sich tatsächlich nicht wieder meldet. Aber ist man wirklich so verdammt
scharf darauf, noch mal eine gemeine SMS zu bekommen? Ist
man wirklich so „vergnügungssüchtig", noch mal auf diese Art
verletzt zu werden? Braucht man das? Das Schlimmste, das
damit geht - sollte er nicht wiederkommen – ist, dass man
jemanden verliert, der einem nur wehgetan hat. Man verliert
also tatsächlich nur Schmerz, Verletzung und einen Menschen,
der es offenbar nicht gut mit einem gemeint hat. Und selbst
wenn man diesen Menschen sehr liebt und er für immer geht,
ist es dann nicht wichtig, endlich zu sehen, dass er sich oder
die Situation niemals verändert hätte? Besser jetzt als später?
Denk noch einmal an die fünf Jahre.

Aber seine Dualseele verliert man nicht. Das wissen wir heute
nach über 40.000 Gesprächen mit Betroffenen mit großer
Sicherheit. Er wird wiederkommen und sich wieder melden.
Das Beste, was also passieren kann, ist, dass er begreift, dass
das nicht der Weg ist, und wie und mit welchen Worten er mit
dir kommunizieren sollte. Und dann geht nicht er, sondern
nur die Verletzungen, dieses unerbittliche On und Off, der
Schmerz, die Angst. Und er hat eine Möglichkeit sich weiterzuentwickeln. Er lernt dazu.

Wenn man außerdem mal das große Ganze betrachtet, dann
kommt es auch nicht darauf an, ob er eine SMS schreibt oder
ob er nächste Woche zu einem Treffen kommt. Es ist doch viel
wichtiger und entscheidender, dass die gesamte Situation sich
verändert, dass er zu seinen Gefühlen steht und ihr endlich
eine Beziehung führen und diese wundervolle Liebe leben

könnt. Das ist doch das viel größere Ziel dahinter. Du signalisierst mit einem „Nicht-Antworten" auf eine verletzende Mail niemals, dass du ihn nie wieder sehen willst. Du zeigst ihm aber nonverbal, dass du auf so was nicht mehr reagierst und auch nicht mehr bereit bist, so mit dir reden zu lassen. Du lehnst ihn weder ab, noch verletzt du ihn. Du zeigst ihm nur: So geht es nicht! Du beendest damit also nichts außer seinen Umgang mit Dir.

Und als kleiner Überlegungshilfe für die nächste unschöne Situation, in der dein Mut gefordert ist: Du könntest ihm immer noch später (morgen, übermorgen, nächste Woche) schreiben. Nur tu es bitte nicht mit Angst und nicht in der Situation selbst.

Mach kleine Schritte nach vorn

Ganz wichtig ist uns, dass du weißt, dass wir im Zusammenhang mit deiner Dualseele hier nicht von sofortigem und übereiltem Kontaktabbruch sprechen. Wir wollen jedoch, dass sich die Situation verbessert und ändert und auch er in seiner Entwicklung vorwärts kommt. Deshalb müssen wir zumindest einiges anders machen, damit man aus der momentanen Lage raus kommt und wieder Bewegung in die Geschichte hineinbekommt. Denn so, wie es ist und war, soll es ja nicht bleiben.

Und damit es dir damit auch gut geht, ist es wichtig, dass du mit kleinen Schritten beginnst. Wenn es dir z. B. schon schwer fällt auf eine Mail von ihm nicht zu reagieren, wenn sie verletzend oder abweisend war, dann strecke dich in erster Linie hier und antworte erst nach ein paar Stunden oder 1-2 Tagen. Das wäre dann schon ein toller Fortschritt. Mit etwas Abstand reagiert man meist auch anders, als wenn man impulsiv reagiert. Lass dir Zeit nachzudenken und ihm auch.

Wenn du eher dazu neigst, auch mal zu schauen, was er so macht (Facebook, WhatsApp und Co.), dann versuche, das einzuschränken oder einen Tag oder zwei einfach mal nicht zu machen. Gib die Kontrolle ein wenig ab. Wenn das dann gut klappt, dehne die Zeiträume einfach ein wenig mehr aus.

Du weißt sicherlich, worauf wir hinaus wollen. Und du kennst deine persönlichen Schwachstellen am besten, bei denen du immer wieder versucht bist, zu sehr auf ihn zuzugehen oder einen Fehler zu wiederholen etc. Schau also immer genau hin. Hinterfrage dich immer wieder, warum du das jetzt genau machen willst. Ist es aus Angst heraus? Dann wäre hier eine Möglichkeit, sich dieser Angst zu stellen. Frage dich auch, wie oben erwähnt, was das Schlimmste wäre, was jetzt passieren könnte? Und frage dich auch, welche Vorteile ein neues Verhalten für dich im günstigsten Fall bringen könnte.

Du wirst sehen, je genauer man solche Situationen betrachtet und durchdenkt, desto mehr schwinden die Ängste und man kann gelassener reagieren. Und das wundervollste Geschenk, das in überwundenen Ängsten steckt, ist eine unglaubliche Kraft, die dir niemand mehr nehmen kann – außer du selbst. Aber das wirst du dann nicht mehr wollen. Probiere es einfach aus. Denn wir wünschen uns so sehr für dich, dass du diese Kraft für dich entdeckst.

~ Affirmationen zum Ängste Überwinden *~*

Wir arbeiten gerne mit Affirmationen. Denn sie sind ein wirkungsvolles Mittel, auch unbewusste Blockaden, Ängste und Programmierungen zu löschen und mit neuen kraftvollen Ansätzen zu überschreiben.

Wenn du nicht weißt, wie Affirmationen funktionieren, dann möchten wir dir an dieser Stelle unser Freebook „Affirmationen" ans Herz legen, das du dir im Downloadbereich auf unserer Homepage kostenfrei herunterladen kannst. Hier findest du Informationen, wie sie genau funktionieren und wirken und wie man sie am besten anwendet, damit sie den größtmöglichen Vorteil für dich herausholen. Außerdem beinhaltet das Freebook auch viele Affirmationen für die verschiedensten Lebensbereiche.

Für die Ängste und vor allem die große Verlustangst wollen wir dir jedoch auch noch zwei, drei Affirmationen mit auf den Weg geben, mit denen du arbeiten kannst.

- Ich bin frei von Ängsten und Blockaden und ich begegne meiner eigenen Stärke.
- Der Frieden des Universums durchströmt meine Seele. Ich fühle mich leicht.
- Ich fühle mich gelassen, mutig und stark. Ich bin in Sicherheit.

Die Kunst der Gelassenheit

„Was du liebst, lass frei. Kommt es zurück, gehört

es dir – für immer."

Konfuzius

Du hast bestimmt schon mal gehört, dass du ihn doch endlich loslassen sollst. Vielleicht hat sogar er selbst es dir gesagt. Was sich aber in aller Regel bei uns einstellt, wenn wir dieses Wort hören, ist pure Panik. Denn wir empfinden sofort einen riesigen Verlust. Wir denken oft, dass dieses Wort „Loslassen" zum Unwort des Jahrtausends gekürt werden sollte. Denn wer möchte es schon hören.

Aber, dieses „Loslassen" ist auch das am meisten missverstandene Wort überhaupt. Denn wenn man es bei rechtem Licht betrachtet, ist es eine wundervolle Eigenschaft, die uns erhebliche Probleme löst, uns vor Schwierigkeiten bewahrt und - das Wichtigste - es hat nicht das Geringste mit Verlust zu tun.

Schauen wir uns das Loslassen deshalb einmal genauer an.

Wenn wir nicht loslassen

Wenn wir nicht loslassen, können wir uns vielleicht einmal mit einem Hund vergleichen, der ein Stöckchen hat und sich richtig darin festbeißt. Herrchen ruft immer wieder „Aus! Gib's her! Lass los!". Der Hund rangelt aber regelrecht um das Stöckchen und lässt dann nur sehr widerwillig den Stock los und überlässt es Herrchen – wenn er es überhaupt tut.

Für den Hund ist dieses Gerangel ziemlich anstrengend. Der Kiefer verbeißt sich, der ganze Hund steht unter Anspannung, verkrampft sich. Vor allem, wenn Herrchen auch noch nach dem Stöckchen greift und es nehmen will.

Fühl dich einmal in die Situation hinein. Wie fühlst du dich bei dem Gedanken, das, was du da gerade so gern hast, loslassen zu müssen?

Es könnte so aussehen:

Solange du den Stock (sinnbildlich für das, was du loslassen sollst und somit auch für deine Dualseele) nicht hergeben sollst, kannst du entspannt mit ihm spielen. Es macht Freude, alles ist leicht. Wenn Herrchen jedoch sagt: „Gib her! Lass los!", geht es los.

Die Angst setzt ein, das schöne Spielzeug zu verlieren. Du verbeißt dich im Stock, der ganze Körper geht in Anspannung. Innerlich wehrst du dich dagegen. Es könnte ja sein, dass du den Stock nicht wiederbekommst.

In aller Regel jedoch, will Herrchen ja das Spiel fortsetzen und den Stock erneut werfen. Dazu muss der Hund (du) aber ja das Stöckchen auch hergeben. Und das wiederum macht ja Spaß. Oder Herrchen will dir im Falle eines anderen Gegenstandes, der dich verletzen könnte, etwas wegnehmen, das dich gefährdet.

Wenn wir uns unser Leben im Allgemeinen also einmal ansehen, geraten wir deshalb leider sehr gerne in folgende Situationen, wenn wir nicht loslassen.

Wir verharren

- in der Trauer um einen verstorbenen Menschen,
- im Trennungsschmerz, wenn wir verlassen wurden,
- in Schuldgefühlen, wegen einem längst vergangenen Fehler, den wir gemacht haben,
- in verletzen Gefühlen, wenn wir nicht loslassen und vergeben (auch uns selbst),
- in Forderungen, die andere an uns stellen, die wir aber nicht mehr erfüllen möchten und/oder können,
- an einem Arbeitsplatz, der uns z. B. wegen Mobbing nicht mehr guttut,
- in einer Wohnung mit Nachbarschaftsstreitereien,
- in Beziehungen, in denen uns der Partner womöglich betrügt, schlägt oder tyrannisiert,
- in der Eifersucht und mangelndem Selbstwert,
- im Hadern mit der Welt und der Ungerechtigkeit,
- im Hadern mit nicht wahrgenommenen Chancen,
- im Hadern wegen Erkrankungen,

- in krankmachenden Verhaltensmustern, die uns dazu bringen, uns weiter aufzuopfern, uns kleinzumachen und dergleichen mehr.

Wenn wir uns diese ganzen Dinge einmal auf der Zunge zergehen lassen, ist nichts Reizvolles am Festhalten, oder? Und wir könnten die Liste noch weiterführen. Vor allem muss man jedoch eines begreifen: Verharren und damit festhalten ist ein absoluter Moment des Stillstandes. Es kann sich gar nichts verändern, weil man es selbst verhindert und blockiert. Und folglich kommen wir, ohne loszulassen und uns zu verändern, nicht weiter. Weder in der eigenen Entwicklung noch in der, der Gesamtsituation im Leben und mit der eigenen Dualseele.

Die Symptome des Nicht-Loslassens

Wenn man sich mal ein wenig schlaumacht, dann findet man immer wieder folgende Symptome:

- permanentes Grübeln und Gedankenkreiseln
- Schlafstörungen
- Kopfschmerzen und andere psychosomatische Störungen
- Konzentrationsstörungen
- innere Unruhe
- Panikattacken
- depressive Verstimmungen oder Depressionen
- Wut- und Hassgefühle
- Selbstablehnung

71

- Verleugnen krankmachender Gedanken- und Verhaltensmuster bis hin zum Selbstbetrug
- eventuell sogar Suchtverhalten

Hört sich auch alles nicht sonderlich angenehm und attraktiv an, oder? Also auch hier zeigt uns das Festhalten eigentlich eine sehr unangenehme und negative Seite. Loslassen selbst verspricht also das Gegenteil.

Was bedeutet „Loslassen"?

Loslassen hat in allererster Linie etwas mit Akzeptanz zu tun. Das ist der erste Schritt. Bevor wir etwas verändern können, müssen wir erst einmal hinschauen, was Tatsache ist. Dieser Blick in den Spiegel und auf die Situation ist meist leider zuerst unangenehm. Einer der Gründe, warum wir das auch gerne vermeiden. Aber er ist nötig und heilsam. Denn nur damit können wir die Dinge erkennen, entlarven und tatsächlich beseitigen.

Wenn du dir einmal vorstellst, wir sagen dir jetzt in diesem Moment: „Lass bitte den Kugelschreiber los!" Dann wirst Du uns jetzt wahrscheinlich antworten „Geht nicht, ich hab keinen in der Hand." Du musst den Kugelschreiber also erst mal annehmen (in die Hand nehmen), um ihn dann auch loslassen zu können.

Loslassen ist also der zweite Schritt in der Gleichung. Erst muss angenommen und akzeptiert werden. Und dann schau dir bitte noch mal die ganzen unangenehmen Dinge an, die wir festhalten. Fällt unter dem Aspekt das Hergeben nicht leichter? Was verlierst du also, wenn du beginnst loszulassen? Nur Anspannung, Angst, Verkrampfung, Ballast, den niemand haben möchte. Denn:

Loslassen ist kein Verlust!

Deine Dualseele loszulassen heißt niemals, dass du ihn verlierst! Nie und nimmer! Denn das Einzige, was wir oben beschrieben haben, sind unangenehme innere Zustände. Und die möchtest du doch sicher gerne verlieren, oder?

Nur weil du innerlich ruhiger werden willst, nur weil du entspannter und gelassener sein möchtest, verlierst du ihn nicht! Nur weil du ihn nicht immer wieder anrufst und hinterher telefonierst, verlierst du ihn nicht! Nur weil man ihm seinen Rückzug lässt, verlierst du ihn nicht! Du akzeptierst vielmehr, dass er gerade nicht kann oder will. Kann wahre Liebe mehr tun als den Willen des anderen zu respektieren, auch wenn es uns schwerfällt?

Niemand verlangt von dir, ihm einen Korb zu geben, ihn als Menschen abzulehnen, ihn zu verletzen. So soll es auch gar nicht sein. Du willst nur die Umstände, unter denen ihr gerade agiert und miteinander umgeht und die dich so schwächen, verletzen und traurig machen, verändern, zum besseren wenden und dich besser und wohler fühlen. Gelassener und entspannter. Alles, was du also verlierst, sind die oben genannten Dinge, die in keinster Weise positiv sind.

Lohnt sich das nicht?

Was passiert beim Loslassen?

Loslassen ist eine reine Kopf-Sache. Und wer unser erstes Buch „Dualseelen & die Liebe" kennt, der weiß, dass wir Loslasser lernen müssen, den Kopf einzuschalten. Der Gefühlsklärer sollte lernen, mehr nach dem Herzen zu handeln. Da wir leider nur Dinge lernen müssen, die wir nicht so gut können, fällt uns das naturgemäß etwas schwer. Uns würde also das „Nach-dem-Herzen-Handeln" nicht schwerfallen. Aber das Gute ist: Wir alle haben diese Fähigkeiten schon. Wir haben sie oft nur nicht kultiviert und trainiert. Und sie fällt uns unter diesen großen und überwältigenden Gefühlen der Liebe auch sehr schwer.

Wenn du dir wieder einmal eine gute Freundin oder auch deine Familie vorstellst, dann kannst du dort höchstwahrscheinlich super gut loslassen. Oder hast du etwa die oben genannten Symptome, wenn sich deine beste Freundin für eine Woche nicht meldet? Man denkt dann eher mal beiläufig dran und sagt sich vielleicht auch noch: „Mensch, die könnte auch mal wieder anrufen." Aber man bleibt innerlich gelassen und geht nach dem Gedanken wieder in den Alltag und die eigenen Aufgaben. Wir müssen also eigentlich nur lernen, diese innere Ruhe und Gelassenheit in die Beziehung zu unserer Dualseele zu übertragen.

Wir reagieren aber beim Dual leider oft nicht so, sondern verharren wie beschrieben in Gedankenspielen wie:

- Warum verhält er sich immer wieder so?
- Warum meldet er sich nicht?

- Wann meldet er sich wieder?
- Hat er vielleicht schon eine andere?
- Er liebt mich sicherlich nicht?
- Warum tut er mir das an?

Die Konsequenz ist, dass wir ihn wieder anrufen, ihm wieder schreiben, ihm weiter hinterherlaufen und dann die nächste Zurückweisung und/oder Verletzung, Enttäuschung einstecken. Egal, in welcher Intensität. Wir möchten ein klärendes Gespräch, das nächste Treffen forcieren, um uns wieder Sicherheit zu verschaffen.

Gehen wir aus diesen Gedanken- und Verhaltensschleifen heraus, dann verändern sich zuerst unsere Gedanken. Wir fangen zuerst an, zu akzeptieren, dass die Situation ist, wie sie ist. Sie schmeckt uns nicht, tut weh. Aber sie ist nun mal so. Uns fällt ebenso auf, dass uns die Situation seelisch und eventuell sogar körperlich schadet. Und wir beginnen, nach einer Lösung zu suchen. Die Bereitschaft etwas zu verändern wird geweckt. Und im optimalen Fall wissen und vertrauen wir, dass es eine Lösung und einen Weg gibt und wir es schaffen werden, die Situation zu verändern.

Hier ist die Konsequenz, dass wir Dinge verändern, und beginnen, anders zu handeln. Dass wir ihn vielleicht einfach nicht mehr anrufen und uns sagen: „Jetzt ist er mal dran.“ Oder wir warten einfach mal einen Rückzug ab, bis er sich wieder meldet und akzeptieren die Situation. Wir verändern also durch die Gedanken dann auch unser Verhalten. Und schon kann sich auch bei ihm etwas verändern, denn er muss auf eine neue Situation reagieren.

Und wie bei allen neuen Fähigkeiten und Verhaltensweisen ist man zu Beginn einfach unsicher. Aber die Gelassenheit wächst mit jedem Tag, wenn du diese neuen Dinge weiter trainierst.

Hättest du gedacht, dass Loslassen nur eine innere Denkweise, eine andere innere Haltung ist? Die dann noch eine Veränderung des eigenen Verhaltens und damit auch der Gesamtsituation nach sich ziehen kann? Mehr ist es tatsächlich nicht. Also trau dich ruhig einmal anders zu denken, die Dinge anders zu betrachten. Und nutze dazu auch immer wieder die Möglichkeit, dich dabei so zu beraten, wie du es bei einer guten Freundin (in deiner Situation) machen würdest. Denn aus der Distanz heraus wissen wir meist sehr gut, was wir denken und wie wir handeln sollten. Lass diese Gedankengänge einfach auch für dich zu.

Die Phasen des Loslassens

Der Prozess des Loslassens beginnt – wie schon erwähnt- bei uns allen im Kopf. Denn das Herz will ja immer noch etwas anderes, was ganz natürlich und verständlich ist. Schließlich liebt man diesen Menschen doch so sehr. Aber dennoch. Die karmischen Lernaufgaben in dieser Phase sind wie ein Raum, der nur eine Tür hat. Wir müssen sie nehmen, wenn wir aus dieser Trauer und dem ewigen Leid und Herzschmerz herauskommen möchten. Denn wenn wir diesen einen Menschen als Lebenspartner an der Seite haben möchten, dann müssen wir ihn loslassen. Er signalisiert dies meist auch mit all seinen Handlungen, Dingen, die er sagt, und auch mit seinen Rückzügen. Aber auch wenn wir ihn nicht mehr haben wollen würden, müssten wir ihn loslassen und erst einmal unserer Wege gehen. Damit wir lernen, hat uns unser ausgesuchtes Schicksal einfach keine Wahl gelassen. Naja, eigentlich schon, denn wir können uns natürlich auch dafür entscheiden, weiter zu leiden. Wollen wir jedoch heraus, dann gibt es nur die Tür des Loslassens.

Lassen wir also nicht los, bleiben wir in diesem Trauerraum, verändern damit nichts und kommen aus dem Leid nicht heraus. Das muss uns einfach klar sein. Gehen wir jedoch durch die Tür, mag vielleicht erst einmal vieles „ungewiss" sein, aber wir befreien uns in allererster Linie aus dem Schmerz.

Deshalb hat Loslassen auch etwas von den Trauerphasen, die man psychologisch sehr genau aus der Trauerbewältigung kennt, wenn ein geliebter Mensch verstorben ist. Denn diese Phasen durchlaufen wir in Auszügen genauso. Nur mit dem Unterschied, dass wir diesen Menschen deshalb nicht wirklich verlieren. Das einzige, was tatsächlich geht, ist das Leid.

Wir möchten mit dir einmal die Trauerphasen angelehnt an eine Dualseelenverbindung, durchgehen. Denn dann versteht man oft viel besser, was mit einem selbst passiert, ist vorbereiteter und verkennt mögliche natürliche Phasen nicht als vermeintliche Rückfälle. Wir lehnen uns dabei an die Trauerphasen nach Verena Kast an.

1. Loslass-Phase: Schockphase / Nicht-Wahrhaben-Wollen

Gehen wir einmal davon aus, dass sich der Gefühlsklärer plötzlich zurückzieht oder auch die Beziehung/Affäre etc. beendet. Egal wie, auf einmal ist alles anders und die große Verlustangst überwältigt uns. Das Erste, was uns dann passiert ist Verzweiflung, Schock, Hilf- und Ratlosigkeit. Wir können und wollen es irgendwie gar nicht glauben, leugnen es vielleicht sogar ab.

Wie jeder Mensch darauf vereinzelt reagiert, ist absolut unterschiedlich. Manche sind apathisch, verfallen eher in eine Starre, wirken bald versteinert und verstört. Andere geraten völlig außer Kontrolle und brechen fast zusammen.

Egal wie, der Schock sitzt tief und hat etwas Überwältigendes. Der Puls rast, wir schwitzen, uns ist übel und wir müssen uns eventuell sogar übergeben. Diese Phase kann von mehreren Stunden bis hin zu mehreren Wochen anhalten.

Die Tücke an dieser Phase und zum Unterschied zu einer Trauerphase, wo ein geliebter Mensch ja tatsächlich verloren geht und gestorben ist, können wir hier auch selbst immer wieder versuchen, den Kontakt aufzunehmen. Oder der Gefühlsklärer meldet sich wieder, was bei einem verstorbenen Menschen ja nicht möglich ist. Das bedeutet aber leider auch, dass immer wieder, wenn der Kontakt zustande kommt, die Hoffnung wieder aufblüht, er käme vielleicht zurück oder es gäbe noch eine Chance. Solange, bis der erneute Rückzug, das erneute Ende der Beziehung/Affäre kommt und wir wieder von vorne beginnen.

Nimmt man es also genau, bleiben wir in dieser Phase des Schocks im Prozess des Loslassens ständig wie in einer Dauerschleife hängen, wenn der Kontakt dann immer wieder zustande kommt und wir ihn aufrechterhalten. Es wäre – wenn wir bei dem Vergleich mit dem Tod eines geliebten Menschen bleiben – als wenn wir die akute Situation des Versterbens, den Tod des geliebten Menschen und die damit einhergehende schlimme Nachricht und Schocksituation immer und immer wieder durchleben. Denn der nächste Rückzug eines Gefühlsklärers ist in dieser Phase immer vorprogrammiert.

Versuchen wir also wirklich, loszulassen, kommen wir in die nächste Phase.

2. Loslass-Phase: Aufbrechende Emotionen

In dieser Phase kommen alle Gefühle hoch, die im Schockzustand der ersten Phase noch nicht möglich waren und jetzt ihre Bahn brechen. Alles kann hier an die Oberfläche kommen: Wut, Trauer, Weinen, Schmerz, Traurigkeit, Angst. Welche Gefühle es tatsächlich sind, hängt von der Persönlichkeitsstruktur des Einzelnen ab.

Wir stellen uns Fragen wie: „Warum passiert das mir?" oder „Womit habe ich das verdient?" Wir schreien eventuell unseren Zorn und unsere Wut hinaus und liegen plötzlich im Zwist mit Gott und der Welt. Aber auch Vorwürfe an den Gefühlsklärer kommen hoch: „Wir kannst du mich so im Stich lassen und unsere Liebe verraten?" oder „Was soll ohne dich nur aus mir werden, ich kann doch nur mit dir glücklich sein?" Die Aggressionen können sich aber auch in Schuldgefühle gegen uns selbst richten: „Was hätte ich nur anders machen können/müssen?" oder „Was habe ich nur falsch gemacht?"

Wichtig ist in allererster Linie, diese Gefühle nicht zu unterdrücken, sondern wirklich zu leben und raus zu lassen, weil sie den Schmerz verarbeiten. Denn werden sie unterdrückt führen sie zu Niedergeschlagenheit und Depressionen. In dieser Phase sollte man sich deshalb nicht zu viel ablenken, denn das würde hier nur das Verarbeiten behindern und die Gefühle verdrängen.

Die Dauer dieser Phase kann sich von mehreren Wochen bis hin zu mehreren Monaten hinziehen. Immer abhängig von der eigenen Persönlichkeitsstruktur.

3. Loslass-Phase: Suchen und Trennen

In dieser Phase beginnen wir, zu suchen. Aber was? Wir suchen nach Erinnerungen an die doch auch schöne Zeit davor. Wir suchen eventuell Plätze auf, die wir mit unserem Dual verbinden, sehen eventuell in anderen Menschen, seine Gesichtszüge, wir schauen uns alte Emails und Briefe an halten eventuell auch innerlich Zwiesprache mit ihm. Uns fallen draußen immer wieder Dinge auf, die uns an unseren Dual erinnern. Eventuell kommen uns Lieder in den Sinn oder sie laufen im Radio, die uns erinnern. Wir sehen und/oder hören seinen Namen immer wieder.

Wir sammeln innerlich auch schöne Erlebnisse, um die gemeinsame Zeit – so kurz sie auch gewesen sein mag - zu bewahren. Und all das erleichtert den „Trauerprozess". Alles ist erlaubt. Denn diese Phase ist immer noch unheimlich schmerzhaft aber auch schön zugleich durch das intensive Auseinandersetzen, mit dem, was ist und war.

Im Verlauf dieser Phase des Suchens, Findens, Sich-Erinnerns und dann wieder Trennens kommt irgendwann der Augenblick, wo wir die Entscheidung treffen, wieder in das eigene Leben zurückkehren zu wollen. Wieder ja zum Leben und zu einer eigenen Zukunft zu sagen - unabhängig von ihm. Aber auch die Entscheidung ins Gegenteil ist möglich. Nämlich in der Trauer und dem Schmerz, ohne ihn nicht leben zu können, verharren zu wollen.

Letzten Endes kommen wir nie am Ende des Loslass-Prozesses an. Denn wir weigern uns die Entscheidung zu treffen, auch ohne ihn glücklich werden zu können, uns auch ein Leben ohne ihn erst einmal nur vorzustellen. Wir geben uns überhaupt keine Chance. Und dahin müssen wir kommen, um tatsächlich frei zu werden und endgültig loslassen zu können.

Bedenken wir, dass wir hier nicht wie in Trauerphasen von einem verstorbenen, geliebten Menschen sprechen, der tatsächlich niemals zurückkehren kann. Die gemeinsame Zukunft ist also sehr wohl möglich. Nur leider nicht, wenn wir an diesem Punkt die falsche Entscheidung treffen und uns nicht für uns selbst und unser Leben entscheiden. Denn dann vollziehen wir niemals das Loslassen ganz. Es ist dann eher ein halbes Leben, das dann geführt wird, immer unter dem Schatten des Liebeskummers und der Trauer, ihn nicht im eigenen Leben zu haben.

Deshalb kann sich diese Phase von mehreren Wochen, zu Monaten oder auch Jahren hinziehen.

4. Loslass-Phase: Neuer Bezug zum Leben

Nachdem man also den Schockzustand überwunden hat, alle Wut, Trauer, das Leid und den Herzschmerz herausschreien und Vorwürfe machen durfte, kehrt langsam wieder Frieden und Ruhe in die eigene Seele.

Man erkennt, dass das eigene Leben weitergeht, dass es auch viele andere schöne Dinge zu sehen und zu erleben gibt. Und man erkennt die eigene Verantwortung für das eigene Leben, dass man selbst in der Hand hat, wie es ab hier weitergeht.

Man beginnt wieder neue Pläne zu schmieden, sich wieder mehr auf Arbeit, Freunde und Hobbies zu konzentrieren. Das Leben wird wieder aktiver. Wir lieben unser Dual zwar immer noch genauso sehr wie vorher, aber wir brauchen ihn nicht mehr zwingend für ein glückliches Leben.

Der Prozess des Loslassens und der Gefühlsklärer selbst haben tiefe Spuren in uns hinterlassen und die Einstellung zum Leben und auch zur Liebe haben sich massiv verändert – jedoch positiv und kraftvoll. Die Dualseele bleibt ein Teil des Lebens, in unserem Herz, in Gedanken, aber man kann weitergehen und beginnt, das Leben neu zu ordnen. Ein neues Selbstwertgefühl nimmt Platz, weil man bestimmte Verletzungen nicht wieder hinnehmen wird. Das Abgrenzen verletzender Situationen und Menschen beginnt. Die Reflexionen der vergangenen Phasen stellen ein neues Beziehungsbild auf Augenhöhe. Wir gehen damit zu den nächsten Lernaufgaben Selbstliebe, Abgrenzen und Lebensgenuss. Die Loslass-Phasen sind abgeschlossen.

Was uns beim Loslassen hilft

Wie wir anfangs gesagt haben, beginnt Loslassen im Kopf. Und im Dualseelen-Thema ist es so, dass der Herzmensch, der Loslasser, lernen muss, den Kopf zu integrieren. Wohingegen der Gefühlsklärer als Kopfmensch lernen muss, sein Herz zu integrieren.

Wir helfen uns also sehr, wenn wir unseren gedanklichen Blickwinkel auf Dinge verändern. Hab dabei immer gewiss im Hinterkopf, dass dein Kopf dem Herzen niemals vorschreiben will und kann, wen es liebt. Aber er kann helfen, den Kampf zu erleichtern, den Schmerz zu nehmen und vor erneuten Verletzungen zu schützen.

Um aus dem Leid, der Trauer und dem Schmerz und dem ewigen Ringen damit herauszukommen, hilft:

- die Bereitschaft zu akzeptieren, dass nicht alles so läuft, wie wir es uns wünschen
- die Bereitschaft zu akzeptieren, dass auch wir nicht alles immer richtig machen
- die Bereitschaft zu akzeptieren, dass unser Dual sich nicht immer so verhält, wie wir es gerne hätten und auch er Freiraum für seine Entwicklung und auch seine Rückzüge braucht
- die Bereitschaft zu akzeptieren, dass unser geliebtes Dual derzeit noch nicht im Herzen angelangt ist und die Liebe vor allem aus diesem Grund noch nicht leben kann
- die Erkenntnis, dass Loslassen keine Kapitulation, sondern ein Schritt in die richtige Richtung ist
- die Erkenntnis, dass Loslassen nicht bedeutet, dass man sein Verhalten und/oder seine Verletzungen gutheißt
- die Erkenntnis, dass Loslassen nicht bedeutet, dass man ein Versager ist
- die Erkenntnis, dass Loslassen kein Verlust und man selbst kein Verlierer ist
- das Bewusstsein, dass du es verdient hast, dass es dir gut geht, dass du ein Anrecht auf Glück und Liebe hast
- das Wissen, dass du deine Gefühle beeinflussen und steuern kannst durch die Entscheidungen, die Du triffst
- das Wissen, dass du selbst entscheidest, wann dieser Loslass-Prozess für dich zu Ende geht

Du hast Einfluss auf Deine Gefühle!

Wir haben oft den Eindruck, dass wir unseren Gefühlen, wie ein Spielball ausgesetzt sind. Wir fühlen uns eventuell sogar wie eine kleine Nussschale, die auf dem Gefühlsozean von einer Höhe zur nächsten Tiefe trudelt. Das ist aber gar nicht so.

Wir Loslasser haben eines in unserem Leben immer gelernt: Offen sein! Wir hören immer mit einem Ohr auf die zwischenzeiligen Aussagen unseres Gegenübers, haben immer eines unserer Augen auf die Bedürfnisse des anderen. Dazu ist eine extrem offene und auf den anderen fokussierte Aufmerksamkeit nötig, die wir als Fähigkeit sehr gut kultiviert haben. Was wir hingegen nicht gelernt haben, ist dieses auch einmal sein zu lassen und uns um unsere Bedürfnisse zu kümmern und auf unsere Gefühle zu konzentrieren. Wir sind auf das DU ausgerichtet, im Gegensatz zum Gefühlsklärer, der gelernt hat sich auf das ICH zu konzentrieren.

Wenn man sich einmal vorstellt, dass wir also eine dieser beiden Fähigkeiten extrem gut entwickelt haben, die andere aber nur rudimentär vorhanden ist, wie frei sind wir wirklich in unseren Entscheidungen? Haben wir dann tatsächlich eine Wahl? Können wir uns dann entscheiden, zuzumachen? Wenn wir das eigentlich gar nicht richtig können? Wenn wir dich jetzt auffordern würden, dich zu entscheiden, Deutsch oder Suaheli mit uns zu sprechen, dann würdest du antworten: „Ich kann aber kein Suaheli!" Und schon hast du keine Wahl, außer Deutsch mit uns zu reden.

Die einzige Möglichkeit, die du hättest, wäre, dich zu entscheiden Suaheli zu lernen, dann hast du eine Wahl! Dann entwickelst du diese Wahlmöglichkeit.

Übertragen heißt das für uns: Wenn wir nur offen sind, nur vom Herz gelenkt, nicht wissen wie wir uns auch einmal abgrenzen und nein sagen – auch zu dem Leid -, dann haben wir tatsächlich keine Wahl. Wir sind die kleine Nussschale auf dem Ozean unserer Gefühle. Aber man kann sich immer noch entscheiden, das zu lernen. Und diese Wahl und Entscheidung treffen wir im Kopf. Wir können also anfangen das Ruder zu übernehmen, die Nussschale zu lenken. Und auch das geschieht im Kopf.

Das alles bedeutet Zweierlei:

1. Wir entscheiden nicht mit dem Herzen, sondern mit dem Kopf, ob wir im Liebeskummer und Leid verharren. Das ist die erste Wahl, die wir treffen. Ob wir lernen wollen, uns da raus zu manövrieren oder nicht. Bleiben wir also die kleine ausgelieferte Nussschale, ja oder nein? Und:

2. Wir entscheiden auch im Kopf, durch unsere Gedanken über bestimmte Ereignisse, durch die Sichtweise, die wir auf die Dinge einnehmen, ob wir darunter leiden oder nicht. Wir entscheiden also auch, ob wir die geschehenen Dinge als Ansporn nehmen, endlich etwas zu verändern oder ob wir uns durch sie nur noch mehr lähmen lassen. Sagen wir uns also: Was soll die

kleine Nussschale schon gegen den riesigen Ozean tun? Oder übernehmen wir das Steuer und lernen zu navigieren?

Tatsächlich ist es nämlich so, dass unsere Gedanken unsere Gefühle machen. Und nicht umgekehrt. Wir denken das oft nur. Am eben genannten Beispiel können wir uns also schlecht fühlen, weil wir glauben, dass wir aus dem „ausgeliefert Sein" niemals herauskommen, oder ob wir hoffnungsvoll und kraftvoll sagen, ich lerne zu lenken und dann krieg ich das schon hin.

Die Tatsache, wie du über die Dinge denkst, bestimmt also, welche Gefühle du dazu entwickelst. Mach dir das also immer wieder bewusst. Und entscheide dann neu, wie du die Dinge betrachten willst. Nimmst du die Begegnung mit deiner Dualseele als eines der schlimmsten Dinge wahr, das so leidvoll war und dich in die Knie gezwungen hat, oder willst du sie als kraftvolle Aufforderung zum Wachsen und Entwickeln begreifen? Als Chance, deine Schwächen zu Stärken werden zu lassen?

Spüre einmal in beide Gedanken hinein. Wie fühlen sich beide Entscheidungen an? Und welche gibt dir Kraft, welche raubt sie dir? Wähle – egal worum es im Leben geht – immer den Gedanken, der dich kraftvoll macht und dich strahlen lässt.

Mit dem Loslassen ist es genauso. Wann immer du merkst, dass du wieder in eine verkrampfte Haltung des Klammerns und Festhaltens gehst, schau dir die Situation an. Versetze dich in die Entscheidung, loszulassen, spüre hinein und wähle dann das, was sich für dich besser, richtiger und kraftvoller anfühlt.

Loslassen ist ein Prozess

Uns ist ganz wichtig, dass du verstehst, dass Loslassen ein Prozess ist, wie du anhand der Loslass-Phasen ja sicherlich auch schon festgestellt hast. Dieser Prozess zieht sich genaugenommen auch über die nächsten Lernphasen hinweg, in dem er immer wieder auftaucht. Die einzelnen Lernaufgaben vom Ängste Überwinden, Loslassen, Selbstliebe, Grenzen setzen und Lebensfreude lassen sich eh nicht scharf voneinander abgrenzen, sondern gehen fließend ineinander über. Aber der Loslassprozess zieht sich in unterschiedlichen Aspekten fast über alle hinweg. Denn wir lassen Vieles unterwegs los.

Bitte verinnerliche das, damit du nicht zwischenzeitlich denkst, in das Loslassen wieder zurückzufallen, wenn eine solche Phase wieder auftaucht. Denn das ist in der Regel nicht der Fall. Schau dir eine solche Phase dann bitte sehr genau an, denn oftmals geht es immer wieder um ein anderes Thema, eine andere Verletzung etc.

Wir lassen nicht nur ihn los. Ihn lassen wir zwar zuerst gehen. Das Loslassen umfasst jedoch sehr viel mehr. Im Verlauf Deiner Lernphasen lässt du

- Ängste,
- Verletzungen,
- Hoffnungen,

- Enttäuschungen,
- Wut,
- Einsamkeit,
- Traurigkeit,
- Erwartungen,
- schöne Erinnerungen
- und dergleichen mehr

ebenso los. Es umfasst also weitaus mehr, als wir anfänglich denken. In all diese Themen kommt nach und nach wieder Gelassenheit, sodass du später auf jedes Ereignis schauen kannst und sagst: Ja, so war es. Aber es löst keine Anspannung, keinen Stress und keine Traurigkeit oder Enttäuschung aus.

Lass dir dafür also auch deine Zeit. Die riesige Entlastung und der größte Schritt ist getan, wenn du ihn erst mal ziehen lassen kannst und akzeptierst, dass es gerade so ist, wie es ist. Das ist der größte Brocken am Loslassen. Die restlichen Dinge, die wir eben benannt haben, machen vielleicht 10 Prozent der Arbeit am Loslassen aus und kommen einfach etwas hinterher geschlendert. Denn sie gehen mit dem Thema Selbstliebe, Grenzen setzen und Lebensfreude Hand in Hand.

~ Mach eine Gewinn-Verlust-Rechnung auf *~*

Wenn es mal wieder schwerfallen sollte, nimm dir ein Blatt Papier und mache tatsächlich mal eine Gewinn-Verlust-Rechnung für dich. Was gewinnst du also, wenn du loslässt und was verlierst du, wenn du loslässt? Oder auch andersherum: Was gewinnst du, wenn du festhältst, was gewinnst du, wenn du nicht mehr festhältst?

Auch hier ist wieder der Kopf beteiligt, denn er wägt ab. Entscheide dich dann wieder für das, was sich kraftvoller anfühlt.

~ Vermeide Selbstvorwürfe *~*

Ein weiterer wichtiger Aspekt ist es, alle möglichen Selbstvorwürfe über Bord zu werfen. Die sollten keinen Platz in deiner nun mit einem Kapitän besetzen Nussschale haben. Wirf dir also nicht vor, nicht schon früher losgelassen zu haben.

Wir sind zu 100% überzeugt, dass jeder Mensch zu jeder Zeit versucht, sein Bestes zu geben. In jeder erdenklichen Situation. Und sicherlich auch du! Wenn du es also bereits gekonnt hättest, dann hättest du es auch getan. Es war einfach noch nicht so weit. Du musstest noch Lernerfahrungen machen, um dich an den Punkt bringen zu können, der dir das Loslassen ermöglicht. Also ist alles am richtigen Ort und zur richtigen Zeit passiert.

Du würdest einem Schulkind in der ersten Klasse ja auch keine Vorwürfe machen, dass es das Abitur diesen Sommer noch nicht macht. Also sei auch gnädig und milde zu dir!

~ Überprüfe weiterhin Deine Ängste *~*

Sollte dich einmal wieder eine Angst überwältigen, schau bitte einfach noch mal hin, ob sie wirklich gerechtfertigt und sinnig ist. Sollte dies nicht der Fall sein, dann wirf sie wieder über Bord. Auch hier entscheidet dein Kopf mit. Schau möglichst neutral hin, macht die Angst wirklich Sinn? Wenn nicht, weg damit. Lass deinen Kopf dir beruhigende Worte sagen. Auch die Affirmation wirken wieder Wunder an dieser Stelle. Arbeite im Zweifel in einer solchen ängstlichen Phase noch mal intensiver damit.

~ Vermeidung *~*

Auch wenn das jetzt sehr hart klingen mag, aber eigentlich müssen wir dazu raten, Menschen zu meiden, die ebenfalls festhalten und nicht loslassen können. Denn das zieht uns meisten in der eigenen Entwicklung wieder zurück. Richtiger wäre es, Menschen zu suchen, die das Loslassen schon erfolgreich gemeistert haben und dir damit Hilfe und Vorbild sein können.

Wir wollen das aber etwas differenzieren. Denn wir wissen, wie wichtig auch der Austausch mit Menschen ist, die das Dualseelenthema ebenfalls am eigenen Leib kennen. Denn Freunde und Verwandte, die kein Karma dieser Art haben, wissen ja schon nicht mehr, was mit einem geschieht und können das alles nicht verstehen. Richtiger wäre es deshalb, sich mit Menschen zu umgeben, die zumindest ebenfalls loslassen lernen wollen oder es schon gemeistert haben. Denn nur hier findet man Hilfe und Unterstützung.

~ Eventuell therapeutische Hilfe *~*

Solltest du mit einem bestimmten Thema einfach nicht vorwärts kommen oder dich etwas doch noch sehr quälen, egal ob es die Dualseele oder auch anderes wie die eigene Kindheit betrifft, müssen wir dir natürlich auch aus unserer Sorgfaltspflicht heraus dazu ermutigen, dir bei Bedarf professionelle Hilfe zu holen. Vor allem, wenn du glaubst, es nicht allein bewältigen zu können. Bitte zögere hier nicht und lass dich selbst nicht ohne Hilfe stehen, wenn sie nötig wäre. Egal ob es ein Coach oder ein Therapeut wäre.

~ Affirmationen für mehr Gelassenheit *~*

- Ich lasse alles Vergangene in Liebe los und schaue auf eine positive Zukunft.
- Ich bin voll innerer Gelassenheit und gehe gestärkt vorwärts. Tag für Tag.
- Ich bin ruhig und gelassen. Alles ist in meinem Universum am richtigen Ort.

Wunderbare Selbstliebe

„Ein Schritt zu deinem eig'nen Herzen ist ein
Schritt zu dem Geliebten."

Rumi, Das Lied der Liebe

Viele haben, wenn es um Selbstliebe geht, noch eine falsche Vorstellung im Kopf. Denn sie assoziieren es mit „Egoismus". Darum geht es bei dem Thema aber gar nicht. Wird Selbstliebe richtig verstanden, dann ist es eine wundervolle Sache, die dich endlich auf Augenhöhe mit anderen bringt. Mit all deinen Bedürfnissen. Wie immer geht es um eine Balance. Wir sollen weder uns noch den anderen aus den Augen verlieren.

Schauen wir uns einmal an, wie wir mit Selbstliebe umgehen, wenn wir als Loslasser die Aufgabe noch nicht bewältigt haben:

In aller Regel stellen wir unsere eigenen Bedürfnisse hinten an, schauen lieber auf die anderen und was sie sich gerade wünschen. Wir sind oft bemüht es allen recht zu machen und geben bei allem, was wir für andere tun, unser Bestes. Wir sind von der Kindheit an darauf geeicht worden, die Bedürfnisse anderer in ihren Augen abzulesen, was uns Loslasser zu großartigen, empathischen Menschen macht. Wir sind voller

Mitgefühl und haben immer ein offenes Ohr. Aber wir haben im Gegenzug leider nie gelernt, unsere Bedürfnisse ebenso wichtig zu nehmen, wie die der anderen. Und somit ist etwas in Schieflage geraten. Was ungefähr so aussieht:

Zu wenig Selbstliebe

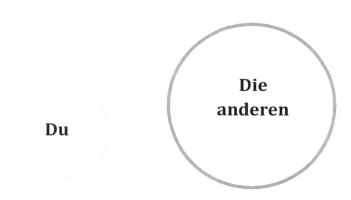

So, wie dies hier eine Schieflage ist, wollen wir diese andersherum natürlich auch nicht. Denn stellt sich das Schaubild andersherum dar, dann empfinden wir diese Menschen zumeist als egoistisch. Sie tun nur das, was sie wollen, sind nur auf ihren eigenen Vorteil bedacht und gehen oft nicht sehr schön mit anderen Menschen um.

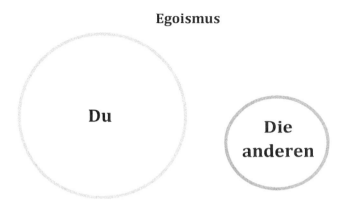

Egoismus

Zu einem solchen Menschen sollst du gar nicht werden. Denn wie die Natur suchen wir nach einem ausgewogenen Verhältnis, Harmonie und Ausgleich.

Der Zustand, den wir mit einer gesunden Selbstliebe anstreben, sieht also folgendermaßen aus:

Selbstliebe auf Augenhöhe

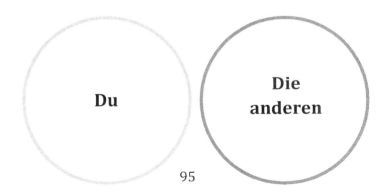

Wir möchten Menschen auf Augenhöhe begegnen. Das bedeutet jedoch erst mal, dass wir den Zustand aus dem ersten Bild auflösen müssen. Die Wahrnehmung unserer Bedürfnisse muss zunehmen. Und dazu müssen wir tatsächlich mit der Selbstwahrnehmung nachlegen und uns und unsere Bedürfnisse wichtiger nehmen.

Rechne in diesem Zusammenhang damit, dass dein Umfeld das sicherlich merken wird, wenn du beginnst, auch auf dich zu schauen. Es können Reaktionen kommen, in denen du plötzlich als „egoistisch" bezeichnet wirst. Aber sei dir dabei bitte bewusst, dass wir den Zustand auf Augenhöhe anvisieren und nicht den Egoismus. Du bist also nicht egoistisch. Das einzige, was sich verändern wird, ist, dass deine Bedürfnisse genauso wichtig werden, wie die der anderen. Und das wird denen, die sich daran gewöhnt haben, dass du allzeit bereit bist, egal wie es dir damit geht, wahrscheinlich erst einmal nicht gefallen.

Was dir Selbstliebe bringt

Es gibt unheimlich viele schöne Dinge, die dir eine gesunde Form der Selbstliebe bringt. Ein paar davon möchten wir dir gerne nennen, denn sie zeigen dir vor allem auch, wohin die Reise geht und wie schön das Leben damit sein kann.

Mehr Selbstvertrauen und innere Stärke

Wenn wir uns selbst lieben, machen wir uns frei davon, nur von der Zuneigung anderer abhängig zu sein. Natürlich ist diese Zuneigung ebenso wichtig. Aber wenn wir uns aus dieser alleinigen Definition über den anderen befreien, können wir besser das tun, was wir für richtig halten, denn die Angst, den andern zu verlieren, schwindet. Überdies hinaus wird es leichter auf andere Menschen zuzugehen. Wir sind mehr mit uns im Reinen, stellen uns nicht dauernd infrage und haben dadurch weniger Angst vor Ablehnung. Wir lernen außerdem, Komplimente auch mal anzunehmen und nicht nur zu machen.

Mehr emotionale Stabilität

Mit der Liebe für uns selbst geben wir uns extrem viel positive Energie, die dafür sorgt, dass wir nicht immer nach der Anerkennung und Liebe der anderen heischen. Wir fordern sie nicht ständig auf, uns ihre Liebe zu beweisen. Also Folge dessen genießen wir diese gezeigte Liebe mehr, weil wir nicht davon allein abhängig sind. Wir stellen auch weniger Erwartungen an andere und laufen deshalb weniger Gefahr, von überzogenen Erwartungen enttäuscht zu werden.

Außerdem verspüren wir seltener Ärger und Wut, sind weniger frustriert und deprimiert. Wir fühlen uns nicht so schnell verletzt und gekränkt. Kurzum: Wir sind einfach emotional stabiler.

Mehr Attraktivität

Wir alle sind gerne mit Menschen zusammen, die eine positive Grundhaltung haben, offen sind und ein gesundes Verhältnis zu sich selbst haben. Wenn wir uns also nicht mehr verbiegen und versuchen, die Liebe anderer durch unser Verhalten zu „erbetteln", wirken wir als starke Persönlichkeit mit den eben genannten Eigenschaften. Und als Folge daraus werden wir attraktiver für andere und die Menschen begegnen uns mit mehr Respekt.

Wir werden erfolgreicher

Wenn wir unsere Fehler und Misserfolge nicht mehr so sehr unter die Lupe nehmen und gelassener mit ihnen umgehen können, haben wir weniger Angst uns auf Herausforderungen einzulassen. Wir werden entscheidungsfreudiger und mutiger, was uns generell zu erfolgreicheren Menschen auf allen Ebenen macht.

Außerdem werden wir dadurch in Krisensituationen stärker, können sie besser meistern und gehen gelassener mit ihnen um. Unser neues Selbstvertrauen stärkt uns in dem Glauben, Probleme lösen und meistern zu können. Und wir lassen uns nicht mehr von Kritik und zu harscher Selbstkritik sowie eigener Unsicherheit verunsichern, sondern gehen unseren Weg mutig und kraftvoll.

Mehr Toleranz und Großzügigkeit

Dadurch, dass wir uns und die Dinge, die uns wichtig sind, mehr zu schätzen wissen, werden wir auch toleranter anderen gegenüber. Denn wir fangen an, auch ihre Bedürfnisse in einem anderen Licht zu sehen. Wir akzeptieren unsere Fehler und Macken mehr, und können dies dadurch auch bei anderen tun. Wir wertschätzen unsere Bedürfnisse und damit auch die der anderen. Unser Blick auf die Dinge wird generell großzügiger und verständnisvoller, denn wir verzeihen uns und anderen leichter.

Wir behandeln uns besser

Wenn wir uns selbst lieben, behandeln wir uns selbst so gut, wie die Menschen, die wir lieben. Ihnen wollen wir schließlich nicht schaden, sie nicht überfordern, sind milde mit ihnen, tun ihnen Gutes. Und das Verhalten übertragen wir dann auch auf uns. Wir gewinnen uns als beste Freundin / als besten Freund hinzu.

In Bezug auf deinen Gefühlsklärer

Wenn du in der Lage bist, dich selbst so anzunehmen, wie du bist, dann kannst du auch ihn so sein lassen, wie er ist. Da du dir selbst auch einen Großteil der Liebe geben kannst, die du brauchst, ist es nicht so abhängig von ihm und er verspürt keinen so großen Erwartungsdruck. Außerdem verschwinden

Gefühle wie Eifersucht und „Nicht-Genug-Sein", denn du weißt selbst zu schätzen, was du zu geben hast und wer du bist. Es wird einfach rundum leichter. Und du erschaffst die Möglichkeit, dass ihr euch auch innerhalb einer Beziehung auf Augenhöhe begegnet und niemand sich verausgabt oder zu kurz kommt.

~ Ziehe Bilanz *~*

Um schauen zu können, wo du für dich überhaupt stehst und ob du deine Bedürfnisse tatsächlich wahrnimmst und auch erfüllst, ist es zu allererst wichtig, einmal Bilanz zu ziehen. In diesem Fall sogar eine Lebensbilanz. Wir lassen hier jetzt einmal bewusst das Thema Partnerschaft/Liebe außen vor, damit du dich voll und ganz auf dich konzentrieren kannst.

Nimm dir dazu ein großes Blatt Papier und male einen Kreis in die Mitte. Schreibe in diesen Kreis mit großen Buchstaben ICH. Von diesem Kreis in der Mitte ausgehend zeichne weitere sechs Kreise. Gern kannst du dafür auch unterschiedliche Farben nehmen. Diese sechs Kreise bilden sechs wichtige Lebensbühnen, nämlich:

- Arbeit
- Finanzen
- Gesundheit
- Familie
- Freunde und
- Freizeitaktivitäten

Teile diese Kreise senkrecht in der Mitte durch einen Strich und markiere die linke Hälfte mit einem Plus und die rechte mit einem Minus.

Schau dir also jede Lebensbühne einmal genau an und notiere dir im + Bereich einmal auf, was dir an diesem Bereich gefällt, womit du zufrieden bist und was du magst. Im "–"-Bereich notiere bitte alle Dinge, die dir nicht gefallen, die dich unzufrieden machen, und wo es etwas zu verbessern gäbe. Es geht dabei nicht um „Wertung", sondern einfach um eine nüchterne Bilanz der Dinge, wie sie gerade sind. Denn dann kannst du dich auch daran machen, die Missstände zu verändern und die positiven Dinge noch zu erhöhen und damit dich zufriedener zu machen. Und das gilt es jetzt zu tun.

Schau dir also gerade die negativen Punkte einmal genauer an und versuche, für dich Strategien zu entwickeln, wie du diese Missstände verändern oder aufarbeiten kannst, um aus deiner Lebensbilanz eine runde Sache zu machen, mit der du dich größtenteils sehr wohl fühlst.

Wichtig! Wir werden nie einen Zustand erreichen können, wo eine Lebensbilanz dieser Art nur positive Dinge enthält. Versuche das also gar nicht erst. Denn in unserem Leben warten immer Herausforderungen und Lernaufgaben auf uns, die sich vor allem durch Unbequemlichkeiten bemerkbar machen. Wichtig ist nur, dass du diesen Bereichen dann wieder vermehrt Aufmerksamkeit schenkst, damit diese Dinge nicht aus dem Ruder laufen und die Lektionen dahinter erledigt werden können.

101

Warum fällt es uns schwer, uns selbst zu lieben?

Wenn wir uns einmal an die Zeit unserer Kindheit zurücker-innern, dann war bei uns allen nicht immer alles Rosarot. Manchmal können wir im Großen und Ganzen sagen, dass unsere Kindheit schön war, manchmal war sie sogar schwer. Aber egal wie, wir kennen alle Situationen, in denen wir ein-mal unfair behandelt wurden. Dass unsere Leistungen – egal wie viel Mühe wir uns gegeben haben – nicht gewürdigt oder gar heruntergespielt wurden. Wir alle wurden schon einmal falsch verstanden, respektlos oder lieblos behandelt oder un-ter Druck gesetzt oder gar manipuliert.

Manche Menschen haben mehr unter solchen Umständen und Verhaltensweisen gelitten als andere. Und auch im Erwachse-nenalter können wir solchen Situationen nicht immer aus dem Weg gehen und sehen dann Mobbing und andere Unge-rechtigkeiten bei anderen oder auch bei uns selbst.

Gerade wenn wir in der Kindheit noch Sätze gehört haben wie:

- *„Du bist einfach zu dumm."*
- *„Du kannst doch gar nichts."*
- *„So geht das aber nicht."*
- *„Du musst...."*
- *„Sei doch nicht so...."*
- und der gleichen mehr

verlieren wir unsere angeborene Fähigkeit, uns selbst so zu nehmen, wie wir sind, und unsere Selbstliebe leidet. Denn wir haben von anderen immer wieder gelernt, dass wir nicht genug sind, unsere Leistungen nicht ausreichen. Und als Kinder übernehmen wir schnell die Meinung unserer Eltern, Familienmitglieder und Lehrer über uns als unsere eigene. Denn wir schauen ja zu ihnen auf, wissen dass sie mehr Erfahrung haben und es besser wissen müssten als wir selbst.

Bedauerlicherweise schleppen wir diese eingebrannten Meinungen über uns oft noch heute unbewusst mit uns herum. Und diese Meinungen beurteilen noch heute, ob wir etwas hätten besser machen können, ob unsere Leistungen tatsächlich ausgereicht haben, ob wir gescheitert sind, weil wir ja zu dumm sind, oder ob wir hätten anders handeln und reagieren sollen. Die Mühle der Selbstkritik, die heute also nicht mehr von Eltern, Lehrern und anderen Vorbildern aus der Kindheit bewegt wird, kommt heute aus unserem Innern. Meist unbewusst und völlig verselbstständigt. Es läuft wie ein inneres Programm.

Das Gute an einem solchen Programm ist jedoch, dass man es abschalten und durch ein neues ersetzen kann. Wir können uns buchstäblich umprogrammieren. Denn wir entscheiden immer selbst – und gerade jetzt im Erwachsenenalter -, ob wir unsere inneren Meinungen als wahr akzeptieren und ihnen erlauben in uns laut zu werden oder ob wir uns für eine andere Wahrheit entscheiden. Außerdem können wir Menschen, die uns nur negativ kritisieren, uns keine Unterstützung bieten und uns klein halten wollen, heute - im Gegensatz zu unserer Kinderzeit - verlassen und/oder ihnen die Stirn bieten.

Jetzt liegt es also in unserer eigenen Hand, ob wir unsere Selbstliebe wieder aufbauen wollen oder ob wir bei der harschen Selbstverurteilung bleiben wollen. Und der erste Schritt dahin ist es, sich und anderen zu verzeihen.

Die Heilkraft des Vergebens

Wir gehen immer davon aus, dass Eltern, Lehrer und anderer unserer Familienmitglieder und Vorbilder nur das Beste für uns wollten und uns nur aus dem Wunsch heraus, uns auf das Leben vorzubereiten und uns bei unserer Entwicklung zu unterstützen, kritisieren, korrigieren und belehren. Dass das manchmal auf eine ungünstige Weise geschieht, ist zwar unglücklich, aber die Absicht der meisten Eltern und Co. ist eine liebe und voller Sorge um unsere Zukunft. Sie alle haben nach ihren Möglichkeiten ihr Bestes für uns gegeben. Deshalb haben wir allen Grund, ihnen zu vergeben.

Geh deshalb in das Gefühl des Vergebens. Heile dein Selbst und deine Seele, in dem du dir immer wieder sagst, dass man dein Bestes wollte und dich nach Kräften versucht hat, in deiner Entwicklung zu unterstützen. Und lass dieses Gefühl einmal fließen. Du musst deswegen keine alten Geschichten aufwärmen. Aber entscheide dich einfach, nicht weiter darunter leiden zu wollen.

Und verzeihe auch dir selbst. Als Kind können wir uns nur an dem orientieren, was uns umgibt. Wir treffen Entscheidungen, um in unserem Umfeld, das wir als Kinder nicht aus freiem

Willen und eigener Kraft verlassen können, möglichst gut zu Recht zu kommen. Und wir können heute diese Situationen und Entscheidungen auch nicht mehr rückwirkend ändern. Akzeptiere also möglichst alles, was geschehen ist, und schließe Frieden damit. Entscheidend ist nämlich vielmehr, was du heute von dir glauben und was du heute über dich selbst denken willst. Jetzt wo du diejenige bist, die das entscheidet.

Schau dir hierzu auch im Bereich Nebenlernaufgaben das „Mutter- und Vaterthema" an.

Es sind die kleinen Dinge

Die eigene Selbstliebe aufzubauen kommt uns häufig wie ein riesiges Projekt vor. Dabei ist es wie mit der Liebe zu einem anderen geliebten Menschen: Kleine Dinge erhalten die Freundschaft, sagt man so schön. Und in den alltäglichen Aufmerksamkeiten macht sich doch deutlich, wie wichtig uns jemand ist. Oder nicht?

Deshalb sind es auch in der Selbstliebe die kleinen Dinge, die dich glücklich und zufrieden machen. Im Folgenden möchten wir dir deshalb ein paar Rituale vorstellen, die du in deinen Alltag einbauen kannst, um dich immer wieder wertzuschätzen und dir ein gutes Selbstgefühl zu vermitteln. Und diese Dinge machen Freude, sind Genuss. Selbstliebe ist also nicht wirklich eine „schreckliche" Lernaufgabe, sondern wird deine gesamte Lebensqualität verbessern. Such dir also gern ein oder mehrere dieser Rituale aus. Und regelmäßig praktiziert wirst du sehen, dass sich deine Selbstwertschätzung und die Liebe zu dir selbst kontinuierlich steigern werden.

~ Dinner for one *~*

Mache es dir zu einem festen Ritual, mindestens einmal in der Woche den Tisch und das Essen so für dich zu richten, als würdest du ein Rendezvous haben. Dekoriere den Tisch, hole das gute Geschirr raus, schöne Servietten und das schicke Besteck. Mach dir eventuell noch Kerzen an sowie schöne Musik und genieße selbst die Zubereitung des Essens für dich, als würdest du es für einen geliebten Menschen machen. Schenke dir also selbst die Aufmerksamkeit, dieselbe Liebe, die du einer guten Freundin schenken würdest. Und dann genieße diese Atmosphäre einfach für dich. Schlemme und mach es dir danach gemütlich. Vielleicht mit einem guten Glas Wein.

~ Seelischer Kurzurlaub *~*

Nimm dir einmal die Woche oder zumindest alle zwei Wochen 2-3 Stunden eine Auszeit, in der du alles machen kannst, wonach dir in diesem Moment ist. Du kannst spazierengehen oder einfach in einem Café sitzen und die Sonne genießen. Gehe shoppen oder lümmel einfach auf der Couch, wenn dir danach ist. Sorge einfach nur dafür, dass diese Zeit deiner Seele guttut. Es sollte also keine Arbeit sein, sondern wirklich eine Auszeit zum Seele-Baumeln-Lassen. Plane diese Zeit bewusst für dich ein. Und mache sie möglichst zu einer Regelmäßigkeit.

~ Wohlfühl-Zeit *~*

Schenke auch deinem Körper eine Auszeit. Plane bewusst wohltuende Rituale ein, in denen du zum Beispiel ein Wannenbad genießt. Auch hier kannst du dir dein Bad fein herrichten, Kerzen anzünden und entspannende Musik auflegen. Such dir duftende Badezusätze aus, genieße die wohlige Wärme im Wasser und lies ein schönes Buch. Aber auch eine angenehme Massage, die du dir gönnst, kann dazu gehören oder ein Besuch bei einer Kosmetikerin. Alles, was deinem Körper ein Wohlgefühl gibt, ist hier erlaubt. Gönn dir diese Phasen zum Auftanken deiner Batterien und als Erholung für deinen Körper, der dich jeden Tag trägt.

Sei dir selbst die beste Freundin

Oftmals gehen wir mit uns viel zu hart ins Gericht, wenn es darum geht unsere Leistungen und Niederlagen zu beurteilen. Während wir also bei Freunden und Familienmitgliedern milde auf ihre Probleme schauen und sie aufrichten, ihnen Mut zusprechen und sie ermuntern weiter zu machen, knüppeln wir uns oft regelrecht nieder, als hätten wir nichts anderes erwartet, als zu versagen. Und unsere eigenen Leistungen spielen wir oftmals runter, während wir geliebten Menschen gegenüber voll des Lobes sind.

Wenn wir uns einmal einen Richter vorstellen, der zwei Personen, die das Gleiche geleistet haben und dieselben Verfehlungen mitbringen, beurteilen soll, dann hätten wir einen der Sorte vor uns, der sehr unfair und in keinster Weise neutral wertet. Während er die Leistung des Einen also wertschätzt und seine Verfehlungen milde begutachtet, ist er beim anderen außer sich vor Entsetzen und voller Kritik.

Wir sind oftmals also einfach nicht fair uns selbst gegenüber. Und ein wichtiger Schritt in Richtung Selbstliebe ist es, bei sich dieselben Maßstäbe anzuwenden, die wir auch bei anderen anlegen.

Keine überzogene Selbstkritik mehr

Schau einmal genau hin, wenn du wieder dabei bist, dich selbst zu sehr zu kritisieren. Frage dich dann, wie du mit einer Freundin umgehen würdest, wenn sie dir dein Problem oder deine "Schwäche" oder "Fehler" schildern würde. Was würdest du ihr sagen, welche Worte würdest du wählen? Wärst du zu ihr auch so hart?

Und dann habe bitte genauso viel Mitgefühl für dich, wie du es für sie aufbringen würdest. Sei fair und gerecht und behandel dich genauso gut und verständnisvoll, wie du es bei ihr tun würdest. Bring dir dieselbe Liebe und das gleiche Mitgefühl entgegen. Denn das hast du genauso verdient und Du brauchst das genauso wie sie. Sei liebevoll zu dir und schaue einmal durch dieses Licht auf vermeintliche Fehler und Schwächen. Und dann korrigiere deine innere Haltung dir selbst gegenüber. Nimm dich innerlich in den Arm und übe Verständnis.

Habe Geduld mit dir

Mit anderen haben wir oft eine Engelsgeduld. Wir haben Verständnis dafür, dass Dinge, die sie neu lernen nicht gleich auf Anhieb klappen, Fehler gemacht werden und sind nachsichtig mit ihnen. Wie ist das aber mit dir? Bist du eher ungeduldig mit dir selbst? Musst du selbst im Gegensatz zu allen anderen immer wieder alles gleich sofort fehlerfrei machen? Denk einmal kurz darüber nach.

Auch im Thema Geduld legen wir oft bei uns selbst andere Maßstäbe an als bei Freunden und Familie. Die Latte ist für uns viel höher. Sie dürfen alle ihre Zeit haben, Dinge zu lernen. Aber du selbst? Versuche deshalb auch hier geduldig mit dir zu sein. Versuche die Maßstäbe, die du bei anderen anlegst, auch auf dich zu übertragen und deine Nachsichtigkeit auch an dir selbst zu üben. Ein Kind, das gerade eingeschult wird, muss auch nicht gleich Abitur machen können. Alles braucht einfach seine Zeit - auch Lernprozesse. Und du brauchst diese Zeit genauso wie deine Lieben. Versuche deshalb, nachsichtig und geduldig mit dir zu sein, wenn etwas nicht so läuft, wie du es dir vorstellst.

Lobe dich selbst

Ganz ehrlich? Wann hast du dir das letzte Mal selbst gesagt: "Das hast du jetzt aber super gemacht!"? Wann warst du das letzte Mal wirklich stolz auf dich? Schon lange her? Dann wird es aber wieder Zeit!

Was andere so den ganzen Tag leisten oder welche Hürden sie meistern, finden wir immer klasse. Sie sind wie eine Quelle der Inspiration. Aber komischerweise neigen wir leider immer wieder dazu, unsere Leistung eher herabzuwürdigen.

Während wir also die Kritik bei uns selbst höher ansetzen, das Lob aber niedriger, machen wir es seltsamerweise immer andersherum bei unseren Lieben. Da ist die Kritik, wenn überhaupt konstruktiv, das Lob überschwänglich. Lobe also auch dich, wenn du nicht immer wieder unfair zu dir selbst sein willst. Lob baut dich auf! Kritik wird dich immer nur wieder schwächen. Wenn du also kraftvoller, stärker und bewusster werden willst, dann lobe dich - auch für die kleinsten Fortschritte. Denn dann hast du auch Kraft und Mut, weiterzumachen.

Nimm dir doch abends einmal vor, deinen Tag gedanklich durchzugehen und dich dann für deine Leistungen zu loben. Mach es. Du wirst sehen, dass deine Seele genauso diese Streicheleinheiten braucht und aufatmet wie die deiner besten Freundin.

~ Liebesbrief an dich *~*

Wir wäre es, wenn du dir selbst einen Liebesbrief schreibst? Nimm dir also besonders hübsches Briefpapier oder eine schöne Vorlage in deinem Emailprogramm. Betrachte dich dann einmal durch die Augen einer dich liebenden Person und schreibe all die Dinge auf, die du so bewundernswert und schön an dir findest. Erkläre dir selbst, was dich zu einer so wundervollen Person macht, und worauf du stolz bist.

Beginne vielleicht so:

Liebe...,

ich muss dir heute sagen, wie sehr ich dich liebe. Denn ich habe es schon viel zu lange nicht getan. Oftmals weißt du gar nicht, was für ein wundervoller Mensch du bist. Aber du leistest Großartiges. Ich so furchtbar stolz auf dich, weil du...

Schreibe dann deinen Brief, so wie du möchtest. Notiere alle Dinge, auf die du stolz sein kannst, die du an Charaktereigenschaften an dir schätzt, wofür du dich lieben darfst und sollst.

Und ende dann vielleicht so:

Denk immer daran, dass ich dich von Herzen liebe und immer an deiner Seite bin. Ich werde dich immer unterstützen und für dich da sein. Denn das hast du verdient.

In Liebe,

Deine...

Lass dir beim Schreiben des Briefs bitte Zeit. Und wenn es mehrere Tage dauert. Und hinterlege dir diesen Brief dann, sodass du ihn dir in schlechten Zeiten immer wieder herausnehmen kannst, um ihn dir durchzulesen. So schenkst du dir immer wieder eine Menge Kraft, Verständnis und vor allem Liebe!

~ Erinner-dich-Zettelchen *~*

Eine weitere gute Möglichkeit, dich immer wieder an die Milde und Güte zu erinnern, die du dir entgegenbringen solltest, sind Erinner-dich-Zettelchen. Nimm dir dazu einen schönen bunten Packen Haftnotizen und schreibe dir liebevolle Botschaften darauf.

Diese könnten so aussehen:

> Schenk' dir ein
> Lächeln und
> hab' dich lieb!
> ☺

Andere Botschaften könnten lauten:

- Sei stolz auf dich!
- Du bist einfach wunderbar!
- Du bist klasse!
- Du siehst super aus!
- und so weiter

Wichtig ist nur, dass die Botschaften an dich immer wieder positiv und aufbauend sind. Und dann verteile diese Haftnotizen an Stellen in deiner Wohnung, an denen du häufig vorbeiläufst, damit du sie möglichst häufig siehst.

~ Affirmationen für mehr Selbstliebe *~*

- Ich akzeptiere mich vorbehaltlos und ganz, denn ich beginne, mich selbst zu lieben.
- Ich bin mir selbst eine liebevolle Freundin und schätze mich und das, was ich tue sehr.
- Ich liebe und akzeptiere mich, so wie ich bin. Denn ich bin wunderbar.

Gesunde Schutzmauern

„Wenn du deine Grenzen nicht steckst, wie sollen
andere sie dann erkennen?"

Ricarda Sagehorn & Cornelia Mroseck

Wenn du dich schon um die wunderschöne Lernaufgabe gemacht hast, dich selbst mehr zu schätzen, anzunehmen und zu lieben, wirst du höchstwahrscheinlich sehr schnell feststellen, dass die Bedürfnisse und Forderungen, die andere an dich richten, nun mit den eigenen kollidieren. Die Menschen, die dich schon eine Weile kennen, sind es gewohnt, dass du immer alle Fünfe gerade sein lässt und allzeit bereit bist zu helfen. Doch nun ist das für dich nicht mehr so einfach. Denn auch du und deine Bedürfnisse zählen jetzt und sind wichtig. Es heißt jetzt also zu lernen, wie man Grenzen setzt, ohne andere vor den Kopf zu stoßen, denn das wollen wir ja nun auch nicht. Wir haben im vorangegangenen Kapitel ja gesehen, dass wir Beziehungen auf Augenhöhe führen wollen. Ins andere Extrem möchten wir eher nicht rutschen.

Jetzt muss man einfach sehen, dass es dennoch zu Konflikten kommen kann. Dein Umfeld wird nicht Weiteres hinnehmen, dass sich dein Verhalten verändert. Und wie wir bereits im Kapitel „Wunderbare Selbstliebe" geschrieben haben, wird es sicherlich hier und da dazu kommen, dass deine Freunde oder auch deine Familie den Eindruck haben werden, dass du selbstsüchtig, egoistisch und dergleichen mehr wirst. Denke aber bitte immer daran, dass das gar nicht deine Absicht ist und du deshalb ruhig fortfahren kannst. Du strebst nur ein Gleichgewicht zwischen allen Beteiligten an. Und du kommst ganz klar aus einem Ungleichgewicht, das zu deinen Lasten ging. Es gibt also keinen Grund, von dir selbst zu denken, dass du egoistisch wärst. Bitte versuche dich in solchen Gesprächen durchzusetzen. Und erkläre auch, warum du das tust. Wahre Freunde und deine Familie werden immer wollen, dass es dir gut geht. Und wenn du schilderst, dass dir die vorherige Art und Weise mit deinen Bedürfnissen umzugehen, geschadet hat, dann werden sie auch Verständnis für dich haben und dich unterstützen.

Warum wir so schlecht „Nein" sagen können

Es gibt viele unterschiedliche Gründe, warum es uns schwerfällt dieses eine Wort zu sagen. Herauszufinden welche Gründe es bei dir hat, kann dir unheimlich helfen, es dir einfacher zu machen, es doch zu tun.

Angst vor Ablehnung und Liebesentzug

Wir machen leider schon bereits als Kind oftmals die Erfahrung, dass uns manche Menschen nur mit milden Augen betrachten und uns loben und lieben, wenn wir tun, was sie von uns verlangen. Wir lernen also, dass andere – ob Freunde oder Familie - uns nur wertschätzen, wenn wir immer für sie da sind und ihre Ansprüche an uns erfüllen und ihnen genügen. Diese Lektion brennt sich in eine Kinderseele ein. Und wir übertragen dieses Verhalten im Erwachsenenalter dann auch in unseren Beruf und neue Freundschaften.

Im heutigen Erwachsenenalter ist es für uns leichter, das zu durchschauen, und wir müssen dieses Spiel nicht mehr mitmachen. Außerdem ist es ein zum Scheitern verurteiltes Unterfangen, von allen geliebt werden zu wollen. Egal, wie viel man dafür auch tut. Es wird nicht gelingen. Entscheide deshalb heute viel mehr, von wem du wirklich geliebt werden möchtest und ob jemand nur deine Sonnenscheinseiten und deine Hilfsbereitschaft sehen will oder dich auch annimmt, wenn du mal nicht kannst oder möchtest.

Angst vor Konsequenzen

Manchmal mussten wir als Kinder vielleicht sogar Konsequenzen und Strafen hinnehmen, wenn wir nicht getan haben, worum man uns bat. Und auch diese Konsequenzen können Spuren hinterlassen haben. Und auch jetzt fürchten wir eventuelle Konsequenzen, wie gute Freunde zu verlieren oder gar den Job, wenn man die Bitte abschlägt. Und natürlich kann es auch im Erwachsenenalter vorkommen, dass jemand etwas ungehalten reagiert, wenn man eine Anfrage ablehnt.

Wichtig ist hier, dass du lernst, die Situation realistisch und neutral einzuschätzen. Es gibt sicherlich Situationen, in denen es besser ist, ja zu sagen. Aber die Situationen, in denen du wirklich etwas zu befürchten hast, sind seltener als es sich für dich anfühlen mag.

Das Bedürfnis, gebraucht zu werden

Da wir immer wieder mit Liebe und schönen Worten belohnt worden sind, wenn wir die Bedürfnisse anderer erfüllt haben, haben wir natürlich im Umkehrschluss auch gelernt, dass wir über dieses Verhalten das bekommen, was wir wollen: Liebe, Aufmerksamkeit, Gemocht-Werden, die Einschätzung, dass wir ein toller und lieber Mensch sind. Und aus diesem Bedürfnis heraus, wichtig für andere zu sein und zeitgleich auch noch „belohnt" zu werden, schlagen wir den Weg des Ja-Sagens ein.

Schau in diesem Falle bitte genau hin, wie du mit deinen eigenen Kräften haushaltest. Natürlich ist es schön zu helfen, zu geben, und das soll es auch sein und bleiben. Aber tust du es nur, weil du die Bestätigung brauchst? Und tendierst du schon in Richtung eines „Helfer-Syndroms"? Dann wäre es doch Zeit ein wenig kürzerzutreten, damit du für dich in Balance bleibst. Sonst brennst du über kurz oder lang aus.

Angst, herzlos oder egoistisch zu wirken

Natürlich möchte außerdem niemand als Egoist oder als kalt oder herzlos hingestellt werden. Denn all diese Eigenschaften belegen wir negativ in unserem Wertesystem. Und gerade der Herzmensch möchte so auf gar keinen Fall wirken. Es könnte aber immer wieder passieren, dass man dir das vorwirft.

Nur weil man dir das unterstellt, bist du es aber noch lange nicht. Und wenn du beispielsweise selbst einfach eine Pause brauchst und einfach nicht kannst, dann bist du deswegen noch lange nicht herzlos. Oder ist es herzlos von einem Menschen mit gebrochenen Beinen, wenn er dir nicht beim Umzug helfen kann? Wenn du es einfach mal nicht schaffst, aus welchen Gründen auch immer, bist du nur ehrlich, wenn du absagst. Nichts weiter.

Angst, etwas zu verpassen

Oftmals sagen wir aber auch ja zu Dingen, weil wir sonst befürchten, etwas zu verpassen. Das geschieht vor allem häufig in unserer Freizeit. So nehmen wir Verabredungen an, gehen zu jeder Veranstaltung und Feier, um mit dabei zu sein, obwohl wir vielleicht eher eine Auszeit von allem bräuchten und unsere Batterien wieder aufladen müssten.

Finde für dich also in erster Linie heraus, was dir wirklich Spaß macht und sage nur Dingen zu, die dir Freude bereiten. Du wirst sehen, dass du wesentlich entspannter durchs Leben gehst, wenn du dir auch Ruhepausen gönnst und nicht wir Hans Dampf in allen Gassen mit dabei bist.

Zu all diesen inneren Dingen, die uns dazu bewegen immer wieder ja zu sagen, wenn wir doch auch manchmal nein meinen, kommt im Außen leider oft noch die Tatsache, dass es die anderen uns nicht gerade leicht machen, nein zu sagen. Natürlich verständlich, denn sie möchten uns ja zu etwas bewegen, was sie gerne hätten.

Die Strategien anderer, uns zum „Ja" zu bewegen

Hier kommen wir leider zu den uns allen inne sitzenden Knöpfen, die andere gerne drücken. Und sicherlich kennst du einige davon, denn meist reagieren wir Herzmenschen fast immer darauf. Wichtig ist uns vor allem, dass du sie erkennst und identifizieren kannst. Denn nur so kannst du dich dann auch davon befreien. Und bitte habe auch im Hinterkopf, dass diese Strategien absolut legitim sind. Wir alle nutzen sie immer mal wieder, wenn wir versuchen, jemanden zu überreden, etwas zu tun, was wir von ihm möchten. Es ist also erst mal nichts Schlimmes. Du solltest sie nur kennen, damit du ihnen nicht mehr ausgeliefert bist und ganz ohne Überlegung auf sie eingehst, sondern frei entscheiden kannst, ob du einer Bitte nachkommen möchtest oder nicht.

Und diese kleinen Knöpfe sind:

- Schuldgefühle
- Appelle an dein Mitleid
- Druck
- Erpressung
- Schmeicheleien
- Überrumpelungen
- und dergleichen mehr

Das kennst du sicher. Hier fallen vor allem gerne Sätze wie:

- „Das kannst du mir jetzt nicht antun."
- „Du kannst mich jetzt einfach nicht hängen lassen."
- „Ich kann das doch ohne dich nicht."
- „Nur du machst das so schnell und toll."
- „Du musst aber, sonst...."
- „Wenn du das nicht machst, dann..."
- „Ich habe dich einfach schon mal für diese Arbeit eingeteilt."

Schau also bitte einmal genau hin, wer hier etwas von dir möchte und welche Strategien diese Person dafür einsetzt. Dann gewinne etwas Abstand und überlege dir in Ruhe, ob du der Bitte wirklich nachkommen willst. Denn es spricht ja nichts dagegen. Aber tu es einfach bewusst, statt zu funktionieren und aus bloßer Routine heraus ja zu sagen.

~ Bedenkzeit *~*

Um genau herauszufinden, ob du ja oder nein sagen möchtest, ist es ganz wichtig, dass du dir selbst eine gewisse Bedenkzeit nimmst beziehungsweise auch erbittest. Denn dann kannst du in Ruhe abwägen, wie du handeln möchtest.

Stell dir dabei einmal folgende Fragen:

- Wer ist es, der mich da um etwas bittet? Welche Bedeutung hat dieser Mensch und die Beziehung zu ihm/ihr für mich?
- Was genau soll ich tun? Was soll ich geben? Was für ein Gefallen ist das?
- Ist es etwas, was ich gerne tue oder gebe? Oder ist es sogar etwas, was ich nicht mag?
- Wie viel Zeit und Kraft kostet mich das? Habe ich dazu gerade Lust und hätte ich Freude daran? Kann ich das gerade leisten?
- Was muss darunter eventuell leiden, wenn ich ja sage?
- Wie oft habe ich schon etwas für diesen Menschen getan? Möchte ich noch etwas für diese Person tun?
- und ähnliche Fragen...

Es geht dabei nicht darum, aufzurechnen, ob dieser Mensch auch etwas für dich tut. Auch wenn das eine gewisse Rolle spielen sollte. Denn wenn nur du dich immer aufopferst, die andere Person aber nie für dich da ist, dann sollte auf Dauer auch das ein Argument für dich sein. Die Fragen sollen dir aber helfen neutraler zu einer Entscheidung zu finden und dich dabei nicht aus den Augen zu verlieren. Menschen, die dich auch immer wieder unterstützen und dir helfen sollen natürlich auch immer deine Hilfe bekommen können. Und du wirst in deinem Umfeld sicherlich gut entscheiden können, bei wem du diese Maßstäbe mehr oder weniger anlegen musst.

Was es dich kostet, keine Grenzen zu setzen

Manchmal ist es ganz wirkungsvoll, wenn wir uns einmal ansehen, was es uns kostet, wenn wir immer wieder zu vorschnell ja sagen. Wir wollen mit dir einmal eine Liste erstellen, was dabei so auf der Strecke bleibt. Mach dir aber eventuell auch eine eigene Liste für deine ganz eigene Situation. Das könnte dir sehr die Augen öffnen, welchen Preis du damit bezahlst und was du gewinnst, wenn du auch mal nein sagst und eine Grenze setzt.

- Es geht zulasten deiner Energie, Zeit und Kraft.
- Du hast diese Zeit, Kraft und Energie dann nicht für deine Projekte, Hobbies, Familie und Co.
- Du hast weniger Zeit, Kraft und Energie für Menschen, für die du viel lieber da wärst.
- Du hast mehr Stress, weil du mehr erledigen musst, als es dein Alltag eh schon von dir verlangt.
- Eventuell ärgerst du dich, dass du wieder einmal nachgegeben hast oder nicht nein gesagt hast.
- Du fühlst dich eh schon ungerecht behandelt oder übervorteilt und es nagt an dir, dass du nur ausgenutzt wirst.

- Du wirst immer wieder in die gleiche Situation gebracht und andere Menschen können dich gar nicht anders behandeln, weil du nicht signalisierst, dass du es nicht schaffst oder nicht leisten kannst und magst.
- und dergleichen mehr...

Sanft und respektvoll nein sagen

Es gibt einige Möglichkeiten ein Nein zu platzieren oder auch eine Grenze zu setzen, ohne dass es brutal wirkt. Ein paar davon möchten wir dir jetzt mit an die Hand geben, damit es dir leichter fällt.

Begründe dein Nein

Wenn du zu deiner Absage eine Begründung hinzufügst, dann kann dein Gegenüber dieses Nein besser akzeptieren. Denn oft hat ein Nein gar keine persönlichen Hintergründe. Du musst dich zwar nicht rechtfertigen. Aber eine Begründung, warum etwas gerade nicht geht, hilft dem anderen zu erkennen, dass es nicht gegen ihn/sie gerichtet ist, und es entstehen auch keine Diskussionen.

Zeige Verständnis

Wenn du deinem Gegenüber signalisierst, dass du seine Situation verstehst, ist dein Nein ganz weich. So kannst du immer sagen: „Ich verstehe sehr gut, wie wichtig das für dich ist, ich schaffe es trotzdem leider nicht." Man wird dir dein Nein dann sicherlich nicht übel nehmen.

Einen Teil erfüllen

Manchmal ist es ja auch so, dass man ein wenig tun könnte und möchte, aber eben nicht alles, was verlangt wird. In diesem Fall biete doch beispielsweise an, dass du zwar eine Stunde Zeit hättest, aber eben keine drei. Es ist dann zwar kein ganzes Nein, aber das muss es ja auch nicht sein. Wenn du einen Teil des Gefallens erfüllen willst und kannst, spricht nichts dagegen.

Mache ein Gegenangebot

Wenn etwas in dem Moment gar nicht geht, du beispielsweise heute einfach keine Zeit hast, dann kannst du immer ein Gegenangebot machen und angeben, wann es dir besser passen würde. Denkbar wäre auch eine andere Lösung anzubieten, zu telefonieren statt sich zu treffen und dergleichen mehr.

Deutlich werden

Leider gibt es auch Menschen, die ein Nein partout nicht akzeptieren wollen. Hier hilft nichts anderes, als deutlicher zu werden. Bleibe dann standhaft bei deinem Nein und wiederhole es mit der entsprechenden Begründung noch einmal.

~ Mach deine Grenzen und dein Nein nicht verhandelbar *~*

Wenn du deine Grenzen setzt oder auch nein sagst, dann ist es wichtig, dass hinterher diese Grenze auch nicht mehr verhandelbar ist. Wir wollen keine Basar-Atmosphäre, wo gefeilscht wird. Dein Nein und deine Grenzen sollten unmissverständlich und klar sein.

Warum das so wichtig ist, möchten wir dir einmal anhand eines Beispiels erläutern:

Nehmen wir einmal die Grenze zwischen Deutschland und Österreich. Wenn Deutschland an einem Tag die Grenze weiter nach Tirol oder Oberösterreich schieben wollen würde, wäre Österreich sicherlich nicht erbaut davon. Am nächsten Tag sagt Deutschland wieder die Grenzen liegen mehr in Bayern. Es würde nicht nur täglich zu Auseinandersetzungen und Streitereien kommen, wenn es nicht gar Krieg um die Grenzen geben würde.

Deutschland und Österreich sowie alle angrenzenden Länder leben also auch deswegen im Frieden miteinander, weil die

Grenzen klar sind. Sie werden nicht verhandelt. Sie stehen fest.

Überlege dir also mittels der Bedenkzeit immer gut, ob du ja oder nein sagen möchtest. Möchtest du nein sagen, dann nutze die eben angeführten Strategien, deine Grenzen liebevoll und sanft zu setzen. Und dann bleibe dabei. Verhandle nicht weiter. Denn dann hast auch du ganz schnell Frieden mit diesem Thema. Denn dein Umfeld wird ganz schnell einzuschätzen wissen, dass dein Ja ein Ja ist, dein Nein aber auch ein Nein. Streitereien und Kämpfe treten dann nicht mehr auf. Es wird wirklich leichter und leichter.

~ Im direkten Konflikt *~*

Manchmal ist die Situation aber auch so, dass man dich unfair behandelt, jemand sich abschätzig über dich äußert oder dich gar anschreit oder beschimpft. Hier fehlt dann oft die natürlich Grenze, sich eben nicht anschreien, verletzen oder unfair behandeln zu lassen.

Solch ein Verhalten kannst du ebenfalls sanft aber bestimmt beenden und damit eine neue Grenze setzen.

1. *Dem anderen die Grenzüberschreitung bewusst machen.*
   Frage dein Gegenüber in einer Situation ruhig, ob ihm gerade bewusst ist, dass er/sie dich anschreit bzw. dich verletzt. Sag auch ruhig, dass es dir wehtut, so behandelt zu werden und frage, ob das beabsichtigt

ist. Sollte dein Gegenüber dann nicht mit seinem Verhalten aufhören, geh zu Schritt 2 über.

2. ***Bitte dein Gegenüber, damit aufzuhören***
   Hat derjenige sein Verhalten dir gegenüber dennoch nicht im Griff und macht weiter, bitte ihn mit den Verletzungen aufzuhören. Mach das jedoch ruhig und gelassen. Hilft auch das nicht, gehe zu Schritt 3.

3. ***Bleibe beharrlich bei deiner Bitte, damit aufzuhören***
   Wiederhole, wenn nötig, deine Bitte noch einmal. Sag klar und deutlich: „Ich möchte dich noch einmal bitten, damit aufzuhören." Wenn der Betreffende dennoch weiter macht, dich anzuschreien, zu verletzen oder zu bedrängen, dann gehe zu Schritt 4.

4. ***Verlasse die Situation, den Raum und bleibe ruhig***
   Hilft all das nichts, entziehe dich bitte der Situation und verlassen den Raum. Bleib dabei ebenfalls ruhig und gelassen. Und kündige deinen Rückzug an. Eventuell kann auch später noch darüber gesprochen werden, aber hier ist dann der Punkt erreicht, die momentane Situation zu beenden.

Wichtig dabei ist nur, dass dein Tonfall möglichst neutral und nicht auf Angriff gestellt ist. Bleibe immer - bei allen vier Schritten – ruhig und gelassen. Dein Tonfall sollte eher dem gleichen, als würdest du über das Wetter sprechen. Menschen, die dich wirklich gerne haben und gar lieben, werden diese Grenze immer akzeptieren und ihr Verhalten abstellen. Sollte jemand dies einmal gar nicht tun, ist dies leider auch niemand, der in deinem Leben bleiben sollte.

Warum deine Grenzen für deinen Gefühlsklärer so wichtig sind

Deine eigenen Grenzen zu setzen und nein zu sagen, wenn du etwas nicht leisten kannst oder auch willst, ist ein großer Akt der Selbstliebe. Diese Fähigkeit ist für dich also extrem wertvoll. Aber auch für deinen Gefühlsklärer sind deine Grenzen enorm wichtig. Er ist derjenige, der vor allem lernen muss, wie man mit Liebe richtig umgeht. Seine Lernaufgabe ist es nach seinem Herzen zu handeln. Und weil ihm genau das Angst macht und er bedingt dadurch auch wenig Erfahrung im Umgang damit hat, braucht er deine Richtlinien. Und diese Richtlinien sind deine Grenzen. Denn du als Herzmensch weist ja ganz genau, was man darf und was nicht, wenn man jemanden liebt. Wann man jemanden verletzt und wie man seine Liebe zeigt. Er braucht deine Grenzen also als Hilfsmittel und Wegweiser, wie er mit dir umgehen darf und wie nicht. Er orientiert sich an dir. Und da du nichts Unmenschliches von ihm forderst, sondern einfach nur, dass er sich richtig verhält, brauchst du auch keine Skrupel zu haben, dich diesbezüglich durchzusetzen. Du bringst ihm quasi bei, wie die Spielregeln innerhalb einer schönen und liebevollen Beziehung sind.

Setzt du deine Grenzen also *nicht*, und sagst du *nicht* nein, zu Dingen, die du *nicht* erleben möchtest, dann zeigst du ihm auch *nicht*, dass er gerade etwas anders machen sollte. Du zeigst ihm *nicht* den richtigen Weg! Und eventuell signalisierst du sogar, dass er Dinge mit dir machen darf – wie dich verletzen, hängenlassen oder was auch immer bei euch passiert -, die man innerhalb einer Beziehung und wenn man jemanden liebt, einfach nicht tut. Dadurch lernt er es aber nicht. Er braucht deine Hilfe dabei.

Wende also bitte alles, was wir in diesem Kapitel bereits besprochen haben auch auf deine Dualseele an. Gerade und vor allem, wenn er dich verletzt oder dir sonst irgendwie wehtut.

~ Affirmationen für gesunde Grenzen *~*

- Ich setze liebevoll und mit Bedacht meine Grenzen, um ein Gleichgewicht zwischen meinen und den Bedürfnissen anderer zu erschaffen.
- Ich erkenne meine eigenen Grenzen und kann sie liebevoll durchsetzen.
- Ich bin frei von Befürchtungen und Ängsten und kann freundlich aber bestimmt meine Grenzen vertreten.

Einfach das Leben genießen

„Es ist besser, zu genießen und zu bereuen, als zu
bereuen, dass man nicht genossen hat."

Giovanni Boccaccio

Wenn du als Loslasser die ersten vier Lernaufgaben erledigt hast, dann kommt am Ende eine der schönsten Aufgaben und Phasen überhaupt. Denn nun darfst du herausfinden, wie schön das Leben ist und sein kann.

Schauen wir einmal zurück, dann hast du

- dich von unnötigen und belastenden Ängsten befreit,
- loslassen gelernt, was dir nicht guttut, und Gelassenheit für dich entdeckt,
- erkannt, dass du dich ebenso lieben und für dich sorgen darfst und solltest, wie du es als Herzmensch natürlicherweise auch bei anderen tust,
- gelernt, wie du ein Gleichgewicht zwischen deinen Bedürfnissen und denen anderer hältst, indem du gesund Grenzen setzt.

Das hört sich doch schon fantastisch an, oder nicht? Denn für uns wirkt das immer so, als hätten wir innerhalb eines Zuhauses einen Großputz veranstaltet. Was unnötig, belastend und nicht mehr schön war, wurde aussortiert. Es wurde entrümpelt und alles wieder auf Hochglanz poliert und ordentlich und sortiert an einen neuen Platz gestellt. Allerdings kann es nun sein, dass du das Gefühl hast, wenn du auf ein solches Zuhause für dich schaust, dass alles etwas leer wirkt. Es ist zwar alles unheimlich aufgeräumt, aber das Leben fehlt irgendwie.

Hier sind wir an der Stelle, wo die Lernaufgabe „Leben genießen" einsetzt. Du hast allen Freiraum geschaffen, den du benötigst, um dich nun komplett entfalten zu können. Jetzt gilt es nämlich, die eventuellen Lücken in deine Leben wieder zu füllen. Ganz so, als würdest du dein schönes Zuhause nun wieder schön dekorieren. Gezielt und sortiert, denn Gerümpel kommt dir nun nicht wieder ins Haus. Es soll einfach nur schön sein.

Eventuell kommen nun die Nebenlernaufgaben, die du in den folgenden Kapiteln findest, noch einmal zum Tragen. Es kann sein, dass dir noch ein paar tolle Freunde fehlen, du noch innerhalb einer Trennung von deinem Mann steckst, die Arbeit und die Finanzen noch nicht ganz rund laufen, oder du dich auch noch mehr mit Spiritualität befassen möchtest. Eventuell darfst du aber auch noch neue Hobbies entdecken. Denn durch den Freiraum, den du dir in den letzten Lernaufgaben geschaffen hast, darfst du nun herausfinden, was dich wirklich glücklich macht, was du tatsächlich noch erleben möchtest und wie. Gerade der Lebensgenuss ist noch einmal eine wundervolle Entdeckungsreise hin zu dir selbst. Du darfst nun das

Glück einfordern, das du dir verdient hast und das dir sowieso als Geburtsrecht zusteht. Denn wir sind überzeugt, dass wir hier sind, um dieses Glück auch zu erleben und nicht, um zu leiden. Wir müssen uns unterwegs nur von den Dingen trennen, die uns unglücklich machen.

Natürlich bedeutet das momentan eventuell auch, dich einmal als Single zu erleben oder das Single-Dasein noch mal zu genießen. Denn solange du den Lebensgenuss noch lernst, wird dein Dualseelenpartner, dein Gefühlsklärer noch nicht da sein. Es geht also wirklich erst noch einmal um dein ganz persönliches Glück, deinen persönlichen Lebensgenuss – ganz unabhängig von einem potenziellen Partner an deiner Seite. Denn du sollst dich und dein Leben noch so zu schätzen lernen, es so schön finden, dass du zwar zu Kompromissen bereit bist, aber Weitem nicht mehr alles aufgeben würdest, was du dir über die letzte Zeit so hart erarbeitet und aufgebaut hast. Dein Leben und deine Bedürfnisse sind nun schließlich im Gleichgewicht mit denen anderer.

Trotzdem haben wir es manchmal schwer, diesen Lebensgenuss wirklich herzustellen. Es kann sein, dass du einfach das Gefühl hast, das ja alles in Ordnung ist, alles soweit gut ist, aber irgendetwas fehlt. Und bei der Überwindung dieser eventuellen Leere wollen wir dir gerne helfen.

Schätzen lernen, was du hast

Einer der wichtigsten Schritte innerhalb des Lebensgenusses ist, dass du dich auf das konzentrierst, was du hast und nicht auf die Dinge, die du nicht hast. Natürlich ist es ein Leichtes, zu sagen, die Situation ist noch nicht rund, das passt noch nicht und das läuft eventuell noch schief. Denn wir sind leider oft auch so programmiert, dass wir immer den Blick in Richtung Mangel, Missstände und Fehler legen.

Es ist aber extrem wichtig für deine eigene Zufriedenheit und damit für einen inneren Zustand des Glücks, dass du vornehmlich auf die Dinge schaust, die schön und toll sind in deinem Leben. Wir werden wahrscheinlich alle niemals einen Zustand in unserem Leben erreichen, wo alles so 100%ig im Lot ist, dass uns fast langweilig wird. Denn das Leben wird uns immer wieder auf die ein oder andere Art und Weise herausfordern, damit wir weiter wachsen können. Das ist auch wichtig und hinschauen müssen wir dort auch. Damit wir aber die Kraft und den Mut haben, diese Herausforderungen anzunehmen, müssen wir auch wissen, welche Basis wir haben und wo wir stehen. Schau also immer wieder auch auf die Dinge, die einfach gerade wundervoll sind. Wir nehmen diese nämlich meist als selbstverständlich hin. Dabei weißt gerade du als Loslasser, dass sie das oft nicht sind, sondern vielmehr hart erarbeitet. Schau diesbezüglich auch noch mal auf deine Lebensbilanz, die du im Kapitel „Wunderbare Selbstliebe" erarbeitet hast. Aktualisiere sie gegebenenfalls und schaue dieses Mal auf die positiven Seiten. Nimm sie bewusst wahr, freue dich an ihnen und dann sei dankbar.

~ Dankbarkeit als Schlüssel *~*

Dankbarkeit ist ein wundervolles Gefühl. Wir empfinden es oft so, dass es der Liebe als Emotion am nächsten kommt. Sie bezieht jedoch noch eine großartige Empfindung von Wertschätzung mit ein, wenn sie aus tiefstem Herzen kommt.

Fühlt man Dankbarkeit wirklich aus tiefster Seele heraus, bekommt man sofort ein Gefühl der Zufriedenheit und des Glücks. Der Körper entspannt, man ist gelassen und heiter. Ein wahres Wunderelixier für Körper, Geist und Seele. Aus diesem Grunde möchten wir dir folgende tägliche Übung vorschlagen:

Besorge die bitte eine kleine Kladde, die du als Dankbarkeitstagebuch deklarierst. Such dir dafür vielleicht eine besonders hübsche aus. Schließlich soll es dir Spaß und Freude machen, sie zu benutzen. Dann setze dich jeden Morgen hin und notiere in dein Tagebuch fünf Dinge aus deinem Leben für die du von Herzen dankbar bist. Beginne dabei mit Sätzen wie:

„Ich bin von Herzen dankbar für…"

oder

„Ich bin so unendlich dankbar, dass…"

Gehe danach alle fünf Dinge gedanklich noch einmal durch und fühle die Dankbarkeit. Sei so gut es geht also mit dem Herzen dabei. Spüre das beglückende Gefühl. Und dann sage noch einmal laut „Danke!"

Abends, vor dem Schlafengehen, hole dein Tagebuch bitte wieder heraus. Nun notiere drei Dinge, für die du an diesem vergangenen Tag dankbar bist. Welche schönen Momente oder Situationen fallen dir also ein. Schreibe sie auf und gehe sie im Anschluss wieder durch und spüre mit Leib und Seele die Dankbarkeit. Sage erneut laut: „Danke!"

Es geht bei all den Sachen, für die du dankbar sein kannst, nicht nur um große Ereignisse. Konzentriere dich mit deiner Wertschätzung auch auf die einfachen Dinge, die wir viel zu oft als selbstverständlich hinnehmen. Sei es, dass du ein Dach über dem Kopf hast, genug zu essen, schöne Kleider im Schrank, dass das Wetter schön war, ein Kollege besonders nett, die Bäckersfrau dir ein Kompliment gemacht hat. Lerne, dich auch auf Kleinigkeiten zu fokussieren. Du wirst sehen, es gibt abertausende Dinge, für die man dankbar sein kann. Der Schlüssel, den diese Dankbarkeitsübung dir bietet, ist, dass du dich immer wieder auf die schönen Dinge konzentrierst. Und das Gefühl der Leichtigkeit und Freude trägt dich durch den Tag und durch die Nacht. Du wirst sehen, dass dich diese Übung wahrhaft in den Lebensgenuss bringen kann und dir eine völlig neue Sichtweise auf dein Leben bietet.

Es sind die Kleinigkeiten

Wir werden oft gefragt, was man denn alles machen muss, um in den Lebensgenuss zu kommen. Und die Vorstellung ist dann oft, dass man an den Wochenenden nun von einer Party zur nächsten tingelt, riesige Reisen macht, große Theaterveranstaltungen besuchen muss und dergleichen mehr. Sicherlich gehören solche Dinge hin und wieder auch zu einem erfüllten und glücklichen Leben. Denn wer mag diese Art der Vergnügungen nicht. Aber sie sind es nicht – oder zumindest nicht allein - die dich zu einem rundherum glücklichen und zufriedenen Menschen machen, der sein Leben genießt. Der Schlüssel sind tatsächlich die bereits erwähnten Kleinigkeiten. Lass uns dir ein paar Beispiele geben:

- die zuckersüßen Momente, die du mit deinem Kind erlebst
- das mitreißende Lachen über einen Scherz mit deiner besten Freundin
- das wohlige Gefühl, das man hat, wenn die Familie an einem Tisch sitzt, isst und das Zusammensein genießt
- das liebe- und vertrauensvolle Schnurren deiner Katze auf deinem Schoß
- der gemütliche Filmabend mit selbst gemachtem Popcorn auf der Couch
- der Spieleabend mit Freunden
- die wohltuende Entspannung bei der Ausübung eines Hobbies
- der kraftgebende Spaziergang an der frischen Luft
- und dergleichen mehr

Verstehst du, was wir meinen? All das kostet nicht viel Geld, wenn überhaupt. Es sind Momente der Glückseligkeit, des Zusammenseins, manchmal des Alleinseins, der Ruhe, des Friedens und der Freude. Es ist das Gefühl, sich fallen und die Seele baumeln lassen zu können.

Fülle also die eventuelle Leere, die du nach der großen Auf-
räumaktion in deinem Leben vielleicht empfindest, mit genau
solchen Momenten, Situationen, Erlebnissen und schönen
Stunden. Und wenn du noch nicht weißt, was genau dir dieses
Gefühl des Zufrieden-Seins bringt, dann freu dich, denn du
hast so viel Freiraum in deinem Leben geschaffen, dass du alle
Freiheit und Zeit hast, herauszufinden, was diese Dinge für
dich sein könnten. Du darfst austesten, was immer du möchtest. In allen Bereichen. Entdecke dich und dein Leben neu. Sei
neugierig und bereit für Erfahrungen der schönen Art. Werde
vielleicht sogar ein Glücksucher in den kleinen Momenten des
Lebens. Halte einfach die Augen offen, den Geist und deine
Seele und lade diese Momente in dein Leben ein. Du wirst
sehen, es ist gar nicht so schwer.

Im Moment leben

Lebensgenuss ist eine wundervolle Sache, denn sie zwingt uns
förmlich im Hier und Jetzt zu sein. Denn - was immer du auch
genießen willst – du musst genau in dem Moment bei der Sache sein, sonst geht dieser wunderschöne Moment an dir vorüber. Lebensgenuss hält dich also zeitlich und räumlich in
einer gedachten Mitte: Hier. Jetzt. Und weißt du, was so wunderbar daran ist? In einem solchen Moment ist unser inneres
System nicht mehr in der Lage, Angst oder gar Sorge oder
Traurigkeit zu empfinden. Gerätst du in eine solche Stimmung
hast du das Hier und Jetzt und damit den genussvollen Moment verlassen.

Im Lebensgenuss bist du buchstäblich in deiner ganz eigenen zentrierten Mitte angekommen. Verspürst du nämlich Traurigkeit beziehungsweise sogar leichte Depressionen, bist du in der Vergangenheit gelandet. Du trauerst einer Sache oder jemandem nach. Für uns als Herzmenschen und Loslasser sind das oft Dinge wie:

- Es wäre schön, wenn er jetzt da wäre.
- Mit ihm war alles besser.
- Ohne ihn kann ich das nicht genießen.
- und so weiter...

All diese Dinge haben Bezug zur Vergangenheit, wo er noch da war, wo man sich an Momente erinnert, die schön mit ihm waren. Da ist aber ein Genuss unmöglich. Diese Situationen und Momente sind vorüber. Man kann sich vielleicht noch freudig daran erinnern. Aber im Hier und Jetzt ist man sicherlich nicht. Hier und jetzt findet aber das Leben statt.

Wenn wir jedoch Angst und Sorge verspüren, bewegen wir uns in Richtung Zukunft. Und wir stellen uns Fragen wie:

- Was ist, wenn er doch nicht kommt?
- Was ist, wenn ich alleine bleibe?
- Was, wenn das Leben eine Wendung für mich nimmt, die ich nicht möchte?
- und dergleichen mehr...

All diese Dinge reißen dich ebenso aus deiner Mitte. Du kannst den Moment und die Situation, in der du dich befindest, ganz sicher nicht mehr genießen. Denn deine Gedanken schweifen in zukünftige, mögliche oder nicht mögliche Ereignisse ab.

Du kannst anhand dieser Emotionen also sehr genau feststellen, wo du dich „zeitlich gesehen" gerade aufhältst. Und auch räumlich. Denn du wünscht dich in einer Situation, die dir sehr viel Freude bereitet, sicherlich nicht an einen anderen Ort. Auch wenn es seine Nähe wäre.

Mach dir bitte eines ganz deutlich bewusst. Die Vergangenheit wirst du weder ändern noch zurückholen können. Es ist, wie es ist. Oder vielmehr: Es war, wie es war. Es macht in diesem Stadium deiner Lernaufgaben also gar keinen Sinn mehr zurückzudenken. Höchstens, um aus Fehlern zu lernen und schmerzliche Situationen nicht zu wiederholen. Aber mehr kann dir deine Vergangenheit nicht mehr bieten. Und deine Zukunft? Nun ja, wir haben da eine gute Nachricht für dich: Die kommt sowieso. Und es lohnt sich nicht, sich jetzt um Dinge zu sorgen oder Angst vor Eventualitäten zu haben, die du jetzt gar nicht beeinflussen oder ändern kannst, weil sie zeitlich noch gar nicht in deinem Handlungsspielraum liegen. Und durch das ewige Jetzt, in dem wir leben, bewegst du dich durch die Zeit zwangsläufig auf die Zukunft zu. Es braucht nur eben: Zeit. Also lehn dich zurück und genieße den Augenblick. Und mach dir erst um zukünftige Dinge Gedanken, wenn sie so nah in dir dran sind, dass du auch handeln kannst. Vorher rauben sie dir nur deine Kraft, diene Energie und genau den Lebensgenuss, den du jetzt haben könntest. Auch erst einmal ohne ihn.

Pendeln um die eigene Mitte

Natürlich können wir diese ewige Mitte, den ewigen Lebensgenuss kaum für immer aufrecht erhalten. Wir werden wohl nie einen Zustand erleben, in dem wir für alle Zeit im Hier und Jetzt leben. Das Leben fordert uns, möchte das wir uns weiterentwickeln und wachsen. Und unsere Seele möchte das auch. Schon allein deshalb werden wir immer wieder aus unserer Mitte herauskommen. Wir werden innerhalb dieser weitergehenden Lernprozesse uns immer wieder noch mal unsere Vergangenheit stellen müssen, um aus Fehlern zu lernen. Und wir werden uns auch immer mal wieder sorgen, ob das ein oder andere gut ausgeht und wir Dinge schaffen oder nicht. Wir sorgen uns eventuell auch um Freude, Familie und Kinder.

In der Phase des Lebensgenusses solltest du jedoch lernen, dass man natürlicherweise diesen Zustand des Genusses immer wieder verlässt und sich auch um Alltäglicheres kümmern muss. Nicht jede Situation ist einfach ausschließlich schön. Aber du solltest diese Phasen der glücklichen Momente auch immer wieder suchen. Nicht zuletzt um Kraft zu tanken, deiner Seele eine Auszeit zu gönnen und dich zu erholen von den Strapazen des Alltags.

Genauso wirst du erleben, dass nicht alles immer ohne Konflikte abläuft. Wir werden uns immer mal wieder gegen einen Miesepeter oder Spielverderber wehren müssen, sind vor Angriffen und Beschuldigungen nicht gefeit. Aber du wirst viel rechtzeitiger gegensteuern und deine Grenzen sanft aber bestimmt setzen.

Auch Ängste für deine eigene Zukunft tauchen vielleicht auf, weil du deinen Job wechseln möchtest und nicht weißt, wie der neue wird. Aber du wirst mutiger auf solche Situationen zusteuern, der Angst nicht mehr das Ruder überlassen, sondern gefestigt solche Dinge angehen. Und du wirst zu einem großen Teil feststellen, dass sich alles zum Guten wendet.

Stell dir deshalb den Zustand, den wir anstreben einfach so vor, als würdest du wie ein Pendel um deine eigene Mitte kreisen. Nur sind die Ausschläge, die man früher vielleicht in Leid und Angst, Depressionen und Sorgen hatte, nicht mehr so gravierend, weil man rechtzeitiger Gegenmaßnahmen ergreift, sollte man sich von der eigenen Mitte zu sehr entfernen. Und bedingt dadurch umfahren wir schwierige Gewässer und die Wellen, die wir zu nehmen haben, sind nicht mehr so hoch. Wir navigieren besser und sicherer durch unser Leben.

Schluss mit Lernaufgaben-Marathon

Worum wir dich an dieser Stelle auch noch bitten möchten, ist folgendes: **Mach deine eigene Entwicklung nicht zur schlimmsten Baustelle deines Lebens!**

Du hast die vergangenen Monate und Jahre erkannt, dass du an dir arbeiten solltest und es bereitwillig getan. Du hast deine Vergangenheit aufgearbeitet, Bilanz gezogen, dein Leben aufgeräumt. Du hast Ängste überwunden, Loslassen gelernt, dich selbst mehr geliebt, Grenzen gesetzt. Womöglich kamen dann noch deine Finanzen, dein Job und deine Spiritualität dazu. Du hast in der Zeit viele Konflikte durchgestanden, eventuell Trennung von deinem Partner und von Freunden erlebt. Du selbst weißt am besten, wie du diese Liste noch weiter anfüllen kannst.

Und nun sagen wir dir: **Schluss damit!**

Erstelle dir, wenn du magst, einmal eine solche Liste mit all den Baustellen, die du in Bezug auf deine eigene Entwicklung die letzte Zeit gemeistert und bearbeitet hast und schaue ganz bewusst auf diese grandiose Leistung zurück! Und dann bitte schalte einen Gang runter. Wir plädieren sicherlich nicht dafür, dass du nun kein Augenmerk auf deine weitere Entwicklung legen sollst. Und das Leben wird dir sicherlich weitere Lernaufgaben präsentieren, die dich weiterhin fordern und strecken werden. Aber mach eine Pause. Immer wieder. Zwischendrin.

Bitte mach aus deiner Entwicklung keinen Dauermarathon, der niemals aufhört. Gönn deiner Seele die Zeit und den Raum, die sie benötigt, um all das auch zu verarbeiten. Genauso als würdest du nach einem Marathon deinem Körper eine Erholungsphase bieten. Mach langsam und entspannt. Nicht unter Druck. Wir hören einfach zu oft die Fragen:

- Was muss ich jetzt noch lernen?
- Was kann ich noch tun?
- Welche spirituelle Fähigkeit muss ich jetzt noch umsetzen?
- Welche Lernaufgabe kommt jetzt noch?

In der Lebensgenuss-Phase gibt es kein Muss mehr! Es gibt ein Kann. Aber hier ist nichts Zwang. Wenn du weiterhin dazulernen willst – wunderbar! Aber mach langsam. Sei geduldig mit dir, setz dich nicht unter Druck. Such dir die Dinge heraus, die dir Spaß machen, treib dich auch gerne zu Höchstleistungen an. Hab gerne auch wieder massive Arbeitsphasen an dir selbst. Aber lass auch immer wieder Tage und eventuell auch Wochen in dein Leben, in denen es nur um das pure Leben und das Genießen wunderschöner Momente geht. Nicht darum, ob du dich gerade weiterentwickelst. Lass auch das Thema immer mal wieder ruhen. Wir dürfen uns alle nämlich diese Auszeiten gönnen. Denk dabei einfach wieder an die Dualität. Sie gilt auch hier. Nach der Arbeit muss es auch im eigenen Entwicklungsbereich Pausen geben. Und diese genieße auch aus vollstem Herzen!

~ Affirmationen für mehr Lebensfreude *~*

- Ich genieße mein Leben von Tag zu Tag mehr und mehr.
- Alles wandelt sich in meinem Leben zu mehr Freude und Genuss.
- Ich entdecke jeden Tag neue freudvolle Situationen und Momente in meinem Leben.

Hilfe bei der emotional-
energetischen Verbindung

Ein großer Punkt, der eine Dualseelenverbindung ausmacht, ist die emotional-energetische Verbindung, die zwischen Loslasser und Gefühlsklärer besteht. Sie ist auf der einen Seite das unsichtbare Band, das beide auf so atemberaubend schöne Art und Weise miteinander verbindet. Sie trägt dazu bei die wunderschönsten Gefühle empfinden zu können, wenn man gerade mit dem Dual schöne Stunden verbringt. Sie ist im ungeklärten Zustand aber auch eine riesige Herausforderung für den Loslasser. Denn zu diesem Zeitpunkt kann sie sehr quälend und kräftezehrend sein. Innerhalb dieser Konstellation hat man nämlich oft den Eindruck, dass der Gefühlsklärer einem die Energie abziehen, sowie seine Traurigkeit, Unruhe, seinen Herzschmerz und dergleichen mehr übertragen kann. Und dazu muss er nicht einmal in der Nähe sein.

Deshalb ist es in allererster Linie für dich wichtig, unterscheiden zu lernen, wann du deinen Gefühlsklärer spürst und wann es deine eigenen Gefühle sind. Als Loslasser verbinden wir uns auf eine empathische Weise nämlich immer so sehr mit unserer Umwelt, dass wir teilweise schlecht zwischen den eigenen und fremden Emotionen differenzieren können.

Wann es seine Gefühle sind

Egal, um welches Gefühl es sich handelt, du kannst immer davon ausgehen, dass sich unsere eigenen Gefühle aufgrund unserer Gedanken entwickeln. Das heißt zum Beispiel, wir machen uns im Kopf erst einmal die ganze Zeit Sorgen und denken bestimmte Szenarien durch und dann erst entwickeln sich in uns Gefühle der Angst und Besorgnis. Wir können also einen logischen Grund finden, warum wir uns schlecht fühlen, und rutschen langsam in die unglücklichen Gefühle hinein. Wenn wir plötzlich besorgt, verängstigt oder unruhig sind, gibt es in aller Regel einen Auslöser dafür. Wir haben dann eventuell eine schlechte Nachricht erhalten oder unerwartet einen schlimmen Gedanken gehabt.

Wir können also festhalten, dass es sich immer um deine eigenen Gefühle handelt, wenn du langsam in eine Stimmung hineingerutscht bist und sie begründen kannst. Und sollten sie plötzlich aufgetreten sein, dann gibt es zumindest einen Auslöser beziehungsweise eine Begründung für diese Stimmung.

Alles, aber auch wirklich absolut alles andere, was du nicht in diese „Schubladen" packen kannst, sind mit sehr hoher Wahrscheinlichkeit die Gefühle deines Gefühlsklärers. So kannst du ohne ersichtlichen Grund ganz plötzlich unruhig werden, Angst bekommen, eine irrsinnige Sehnsucht empfinden oder traurig werden. Auch Liebeskummer gehört dazu, Tränen und dergleichen mehr.

Wann immer er also versucht, seine Gefühle zu unterdrücken, sich abzulenken und dich aus dem Kopf zu bekommen, kommen diese Energien bei dir an. Er kann sie buchstäblich durch dieses kosmische Band auf dich übertragen.

Warum er diese Gefühle braucht

Jetzt macht es aber für die Dualseelenverbindung und die Klärung der Lernaufgaben dahinter gar keinen Sinn, dass diese Gefühle bei dir landen. Denn zum Einen ist es so, dass es dir gut gehen soll, damit sich deine Kraft wieder entfalten kann und du für dich deine Lernaufgaben machen kannst. Dazu müssen wir als Loslasser auch immer wieder unseren Kopf aktivieren, denn Herzmenschen sind wir bereits. Da liegen unsere Lernaufgaben nicht. Zum Anderen ist es beim Gefühlsklärer so, dass er aus dem Kopf raus ins Herz gehen soll, damit er nach seinem Herzen handelt. Und dazu gehört auch, dass er seine Gefühle alleine trägt, sie nicht mehr unterdrücken kann und sich mit ihrer Hilfe weiterentwickelt.

Es ist also wichtig, dass du diese übertragenen Gefühle nicht annimmst und für ihn (er)trägst. Sie wären doppelt bei dir an der falschen Stelle. Deshalb möchten wir dir im folgenden ein paar Techniken vorstellen, die dir helfen können, diese Energieübertragungen abzuwenden.

146

Hilfe & Tipps
~ Nicht reinsteigern *~*

Ganz wichtig ist auch, dass du, wenn du merkst, dass es seine Gefühle sind, dich nicht von ihnen mitreißen lässt. Versuche, die Kontrolle zu behalten, in dem du genau beobachtest, was passiert und dann nicht weiter hinein rutscht. Versuche einen Abstand einzunehmen, was meist schon allein dadurch gelingt, dass man merkt, es sind nicht die eigenen Emotionen.

Stell dir dabei vielleicht vor, dass du dir das ganze wie in einem Kino auf einer Leinwand ansehen kannst. Dadurch nimmst du dich aus dem Zentrum der Energie heraus und kannst als Beobachter neutraler drauf schauen. Und wenn du kannst, dann stehe in deiner Vorstellung auf und verlasse den Kinosaal. Damit hast du schon ein riesiges Stück geschafft. Denn du bist nicht in die Emotionen deines Gefühlsklärers rein gefallen.

~ Nein & Stopp *~*

Eine der vielzähligen Möglichkeiten ist wirklich nein zu sagen. Oder auch stopp. Und das ist etwas, das wir als Loslasser sowieso lernen müssen. Denn unser Nein ist oft ein Jein oder Vielleicht.

Sicherlich kennst du das, dass man in einen Raum hineingeht, sich die Menschen dort ansieht und man sofort unterscheiden kann, dass man bei dem Einen eine Bitte anbringen kann und selbst, wenn er erst einmal nein sagt, nur ein wenig nachsetzen muss und er gibt nach. Bei anderen Menschen würde man es gar nicht erst versuchen, weil man sofort spürt, dass derjenige bei seinem Nein auch bleiben würde. Das liegt vor allem daran, dass hinter dem Nein bei diesem Menschen auch eine entsprechende Energie steht, die dies unterstreicht. Und genau dieses Nein brauchen wir.

Solltest du also merken, dass seine Gefühle sich bei dir breitmachen, versuche dieses Nein aufzubauen. Ganz so, als würdest du buchstäblich mit der Faust auf den Tisch hauen. Denn die Energie dahinter muss stimmen. Es mag zwar sein, dass du es viele Male am Tag machen musst. Aber es hilft, wenn du einfach dabei bleibst.

~ Die Spiegel-Technik *~*

Eine weitere Möglichkeit, ihm seine eigenen Gefühle wieder zurückzuschicken, ist, sich einen Spiegel zwischen euch beiden vorzustellen. Wirkt einfach und ist äußerst wirkungsvoll. Stell dir dazu einfach vor, wie du zwischen dich und ihn einen Spiegel schiebst. Dabei weist die spiegelnde Fläche in seine Richtung. Du schaust auf die blinde Seite des Spiegels.

Der Sinn dahinter liegt in der Reflexion. Alles was er dann aussendet, kehrt als Reflexion des Spiegels zu ihm zurück und du stehst geschützt dahinter.

~ Die Lichtkugel *~*

Eine andere Variante dieses Schutzes ist das Visualisieren einer Lichtkugel, die dich schützt. Stell dir dazu einfach vor, du hüllst dich in eine Kugel aus Licht, die alles, was nicht gut und förderlich für dich ist, sowie fremde Energien, von dir fernhält.

~ Kreiseln *~*

Sicherlich hast du schon einmal kleine Kinder beobachtet, die die Arme weit von sich strecken und beginnen sich im Kreis zu drehen. Und man merkt hinterher tatsächlich wie überdreht sie im wahrsten Sinne des Wortes sind. Dahinter steckt ein einfaches Prinzip.

Man weiß heute, dass man die eigene Energie aufbauen kann, wenn man sich dreimal rechtsherum dreht. Und man kann ebenso einen Überschuss an Energien abbauen, wenn man sich dreimal links um die eigene Achse dreht.

Versuche es einfach mal, ob das Kreiseln für dich eine Möglichkeit ist, ungewollte Gefühle abzubauen und wieder abzugeben, oder dir auch bei Energieverlusten wieder Energie zu holen.

~ Himmlische Hilfe in der Nacht *~*

Wir möchten hier keine Einführung in die Engelkunde geben und sind sicherlich keine Spezialisten auf dem Gebiet. Es gibt unter den Erzengeln jedoch einen, der unheimlich gerne hilft, wenn es um Fremdenergien geht und uns vor ungewollten Übergriffen dieser Art schützt. Und das ist der Erzengel Michael. Ihn möchten wir dir vor allem für die Nacht empfehlen. Denn gerade wenn wir schlafen, können wir nicht bewusst eingreifen, wenn es darum geht, die Gefühle deines Gefühlsklärers auf Abstand zu halten.

Da Engel immer nur in unser Leben eingreifen können und dürfen, wenn wir sie explizit darum bitten, sprich ihn vor dem Schlafengehen einfach direkt an. Er wird dir sofort und gerne helfen. Und bitte ihn dann darum, dass er die Gefühle und Emotionen deines Dualseelenpartners für die Nachtruhe fernhält, damit du gut schlafen kannst. So kannst du sicherlich wieder durchschlafen und wirst nicht mehr durch Unruhe und Co. geweckt.

Wir haben dir jetzt einige Möglichkeiten vorgestellt, diese emotionalen „Übergriffe" abzuwehren und dich davor zu schützen. Was uns dabei sehr wichtig ist, ist dass du weißt, dass dein Gefühlsklärer keine Kenntnis davon hat, dass du das alles so spüren kannst. Er tut es also niemals aus einer Absicht heraus, sondern ahnt meist nicht einmal, dass es dich so belasten kann. Sei also nicht böse auf ihn, sondern gib einfach dein Bestes, diese Emotionen nicht zu übernehmen. Probiere dabei die einzelnen Techniken für dich aus, welche am besten bei dir wirken und den größten Erfolg bringen. Und dann bleibe dabei. Du wirst sehen, dass sich diese Gefühlsübertragungen dann beruhigen und du immer weniger darunter zu leiden hast.

Nebenlernaufgaben

Neben den großen Lernaufgaben, die wir eben besprochen haben, können sehr individuell auch andere Lernaufgaben auf dich als Loslasser warten. Diese müssen dich nicht alle betreffen, vermutlich ist aber die ein oder andere dabei. Schauen wir also einmal, was diese sein können, und wie du dich bei diesen Angelegenheiten unterstützen kannst.

Finanzen & Job aufbauen

Ist deine finanzielle Situation nicht rosig, bist du eventuell sogar verschuldet oder arbeitslos, ist es sehr wichtig für dich, in diesen Lebensbereich wieder Ordnung zu bringen. Denn hier wartet dann offenbar eine Aufgabe, die erledigt werden möchte. Emotionale Menschen wie der Loslasser tendieren leider sehr häufig dazu, die materielle Ebene des Lebens zu vernachlässigen. Ihnen ist gerne alles egal, Hauptsache die

Gefühlswelt ist in Ordnung. Um in die eigene Mitte zu kommen, ist es aber extrem wichtig, das auszugleichen und sich der finanziellen Herausforderung zu stellen, sich ebenso um die materielle Seite unserer Welt und unseres Daseins zu kümmern. Natürlich ohne dabei das Herz aus den Augen zu verlieren.

Wir möchten dir in diesem Kapitel, das leider sehr nüchtern und trocken daherkommt, ein paar Denkanstöße geben, wie du mit dieser Thematik umgehen kannst. Mit unseren Tipps kannst du schon eine Menge erreichen, wenn du gewillt bist, die Verantwortung für dich und deine Situation zu sehen und entsprechende – womöglich auch unangenehmere – Schritte zu unternehmen, um deine Situation zu verbessern. Sollte deine finanzielle Situation jedoch sehr entgleist sein, bitten wir dich an dieser Stelle auch inständig darum - auch wenn es schwerfallen mag - dir professionelle Hilfe wie z. B. in Form eines Schuldnerberaters zu suchen, der dir helfen kann, diese schwierige Situation zu meistern.

Bei Arbeitslosigkeit

Solltest du also gerade arbeitslos sein, und das Geld hinten und vorne nicht ausreichen, dann unternimm alles, damit du wieder eine Anstellung bekommst. Stell dich wieder auf die Beine und gib nicht auf, auch wenn der Arbeitsmarkt für deinen Beruf dir erzählen mag, dass es gerade alles andere als gut aussieht. Wir wollen dir nicht anraten, Jobs zu machen, die dir gar nicht liegen oder gegen die du sogar eine Abneigung empfindest oder der zu wenig Geld bringt. Aber vielleicht kannst du dir vorstellen, für eine Übergangszeit – bis sich ein schöner Job für dich ergibt – auch eine Arbeit anzunehmen, die nicht ganz deinen Veranlagungen und Ausbildungen entspricht. Es soll ja nicht bis zum Lebensende diese Tätigkeit sein, sondern wirklich nur für einen Übergang.

Oftmals geht es nämlich nur darum, einfach wieder in Bewegung zu kommen, und somit auch der energetischen Ebene hinter diesem Thema einen Schubs zu geben, damit sich hier wieder etwas ereignen kann.

~ Visualisieren für den Traumjob *~*

Du kannst deine Suche nach deinem Wunscharbeitsplatz wunderbar mittels Visualisierung unterstützen. Und so kannst du vorgehen:

1. Mach es dir so bequem wie möglich und schließe die Augen.
2. Stell dir vor deinem geistigen Auge in einem Bild oder auch einem kleinen Film vor, wie du bereits in deinem Traumjob arbeitest. Gestalte dir diese Szene so schön wie möglich. Sie soll dir Freude bereiten und Dich mit Glück erfüllen.
3. Steige dann mit allen Sinnen in diese Szene ein. Erlebe deinen Traumjob bereits mit allen Sinnen als erfüllt. Wie fühlst du dich? Was hörst und siehst du?

4. Genieße solange du magst diese Szenerie und fühle dich, als hättest du den Job bereits.
5. Kehre dann wieder in deinen Alltag zurück und sei einfach schon mal im Voraus dankbar für die Erfüllung deines Wunsches.

Wiederhole diese Übung so oft wie du magst und am besten zweimal täglich - direkt nach dem Aufwachen oder kurz vor dem Einschlafen.

Arbeitssituation verbessern & Finanzen verbessern

Hast du bereist einen Job, fühlst dich aber dort nicht wohl und die Bezahlung ist eventuell nicht ausreichend, dann hast du verschiedene Möglichkeiten.

Zum Einen kannst du natürlich –wenn es deine Zeit zulässt – dir für eine bessere finanzielle Situation einen Nebenjob suchen. Es hängt aber natürlich von deinen persönlichen Lebensumständen ab, ob das eine Option für dich wäre.

Zum Anderen kannst du dich in deinem bestehenden Job vielleicht auf eine bessere Position in der eigenen oder auch einer fremden Firma bewerben. Eine andere Option wäre nach einer Gehaltserhöhung zu fragen oder die Stunden von Teilzeit auf Vollzeit zu erhöhen. Du könntest auch nach mehr Verantwortung in Verbindung mit einer besseren Bezahlung fragen. Schau einfach, was für dich denkbar wäre.

155

Wichtig ist in allererster Linie, dass du dir eine Perspektive erschaffst, damit du auch hier energetisch deinen Fokus auf das ausrichtest, was möglich ist und dich nicht darauf konzentrierst, was nicht geht. Und dann mach die entsprechenden Schritte.

~ Die „Liste der Möglichkeiten" *~*

Manchmal ist es wichtig, einfach etwas schwarz auf weiß zu sehen und wie einen Leitfaden nutzen zu können. Nimm dir dazu ein Blatt Papier und mach dir eine „Liste der Möglichkeiten". Gehe dabei folgendermaßen vor:

1. Schreibe einmal genau auf, welche Möglichkeiten du für dich siehst, deine Finanzen und deine Arbeitssituation zu verbessern.
2. Notiere dir dann unter jeder Möglichkeit die dafür erforderlichen Schritte, die du dafür unternehmen müsstest. Was könntest du also tun, um diese Möglichkeit in Angriff zu nehmen?
3. Such dir die für dich attraktivste Möglichkeit heraus und fange – wenn möglich noch heute - an, den ersten Schritt in diese Richtung zu unternehmen.
4. Hast du das getan, dann hake dir diesen Punkt von der Liste ab. Notiere dir zu gegebener Zeit auch, was diese Unternehmung für einen Fortschritt gebracht hat.
5. Gehe so auch mit den anderen Punkten deiner Liste vor.

Du wirst sehen, dass du auf diese Weise schon eine Art Wegweiser für dich hast, der dir zeigen kann, welche Möglichkeiten du noch ungenutzt gelassen hast und welche Schritte du als Nächstes gehen könntest.

Bei Selbstständigkeit

Bist du schon selbstständig und dein eigenes Geschäft oder Büro läuft nicht ganz so, wie du es dir wünschst, oder die Umsätze reichen nicht aus, um alle Kosten und Dein eigenes Leben zu finanzieren, dann solltest du dich ebenso wieder mehr auf deine Arbeit konzentrieren. Wir alle bekommen aus unserem Job und unserer Arbeit immer nur so viel heraus, wie wir hineinstecken. Gerade als Selbstständiger ist das deutlich spürbar. Mach also einmal eine Analyse für deine jetzige Situation.

- Bleibt Arbeit liegen, die du eigentlich erledigen müsstest? Und wenn ja, warum?
- Ist einfach nichts zu tun? Kommen keine Kunden oder Aufträgen rein? Wenn ja, was kannst du tun, um Werbung oder Marketing zu machen? Gibt es die Möglichkeit auf kurzfristige Aktionen oder Sonderangebote?
- Wo befindet sich dein Preislevel? Müsstest Du mehr verlangen, um finanziell auf einen grünen Zweig zu kommen? Schau einmal bei der Konkurrenz – welches Honorar, welche Preise nehmen sie?

Es gibt sicherlich noch viel mehr Dinge zu beachten. Aber wir können hier nicht auf alles im Detail eingehen, weil dies auch immer branchenabhängig ist. Aber schau für deine persönliche Situation bitte einmal genau hin. Es ist wichtig, dass du hier vollen Überblick hast und ehrlich zu dir bist. Denn deine Firma, dein Büro, dein Geschäft ist dein Schiff, das du als Kapitän führen musst. Es ist wichtig, dass der Kapitän weiß, auf welchem Kurs er ist, diesen genau berechnet und eventuell auch korrigiert. Sonst ist das Schiff führerlos unterwegs und allen Seegängen erbarmungslos ausgesetzt.

Finanziellen Überblick verschaffen

Der finanzielle Überblick in deinen privaten Dingen ist ebenfalls eine ganz essenzielle Sache. Man kann sich nicht um eine Sache vernünftig kümmern, wenn man nicht einmal genau hinschaut, wo denn etwas im Argen liegt und die Schwachstellen sind. Loslasser schauen in diesen Bereich oftmals nicht gerne. Irgendwie wissen wir im Inneren, dass wir hier etwas vernachlässigen und Baustellen vorhanden sind und scheuen deshalb den klaren Blick in den Spiegel.

Das macht sich im Äußeren vor allem dadurch bemerkbar, dass der Herzmensch eher dahin tendiert, unangenehme Post nicht zu öffnen, sie vielleicht sogar ganz liegen zu lassen. Bei einem solchen Verhalten können leider leicht und schnell Schulden entstehen, weil man sich um Rechnungen nicht kümmert. Der Loslasser gibt auch gerne mal unnötig Geld für Dinge aus, die nicht zwingend nötig sind – einfach um die eigene emotionale Lage zu beruhigen. Oder er unterstützt jemanden mit Geld und verleiht es, obwohl er das Geld für wichtige Dinge braucht. Bitte verstehe uns richtig. Es ist wundervoll und absolut richtig, Menschen zu helfen. Aber es ist ein Unterschied, ob du finanziell hilfst, weil du es gerade auch leisten kannst oder dich in einer Situation befindest, wo du selbst gerade Unterstützung benötigen würdest.

Ist das Geld knapp, ist es natürlich wichtig, einmal eine Aufstellung deiner fixen Kosten zu machen und zu schauen, ob man eventuell noch sparen könnte. Dabei meinen wir vor allem Dinge wie ein Fitnessstudio, das teuer bezahlt wird, obwohl man es überhaupt nicht nutzt. Oder ob man eventuell einen günstigeren Stromanbieter, eine preiswertere Autoversicherung finden könnte. Derlei Dinge eben. Selbiges gilt natürlich auch, wenn du momentan verschuldet sein solltest. Denn man kann oft schon mit einfachen Mitteln ein paar zusätzliche Euro frei machen und hat es dann leichter.

Rechne dir auch einmal aus, wie viel Geld du für Lebensmittel etc. pro Woche benötigst und teile es dir ein. Rechne dabei aber bitte auch immer einen Anteil für dein persönliches Vergnügen – also einfach für Dich - ein. Das ist extrem wichtig, denn du sollst zwar mehr Kontrolle über deine finanzielle Situation bekommen, aber auch Spaß dabei haben dürfen. Sonst hält man es meist nicht allzu lange durch.

~ Das „Haushaltsbuch" *~*

Für den Anfang notiere dir einfach - vielleicht in einem Haushaltsbuch – alles Geld, das rein kommt und auch, was raus geht. Tue das einen ganzen Monat lang. Sei ehrlich zu dir selbst und notiere wirklich jeden Cent. Es geht nicht um Pfennigfuchserei. Aber wenn du einen Überblick haben willst, ist es wichtig, einmal zu schauen, wo das Geld bleibt und für welche Dinge es ausgegeben wird. Denn oftmals weiß man das gar nicht mehr. Und dieses Büchlein macht es sichtbar. Und schon kann man schauen, was wirklich nötig ist und was nicht und gegebenenfalls Dinge streichen, damit andere Dinge möglich werden. Im zweiten Schritt versuche einmal, 30 Tage lang ohne Ausgaben für „Unnötiges" auszukommen. Kaufe wirklich nur ein, was du dringend benötigst wie Lebensmittel, Zahnpasta, Toilettenpapier etc. Nichts anderes. Schau dann einmal im Vergleich der zwei Monate, wie sich deine finanziellen Mittel verhalten. Im dritten Monat plane für dich und ein wenig Freude einen kleineren, fixen Betrag für persönliche Freude ein. Ansonsten bleibt alles beim Nötigsten. Vergleiche für dich, wie du dich in den einzelnen Monaten gefühlt hast und auch, wie sich deine Finanzen nun verhalten.

Affirmationen für Finanzen und Job

Ganz allgemein kannst du deine finanzielle und berufliche Situation immer mit Affirmationen unterstützen. Such dir einfach eine ansprechende für dich heraus.

- Ich bin immer und überall mit den finanziellen Mitteln versorgt, die ich brauche, und darüber hinaus.
- Ich vertraue auf den Fluss des Lebens, der mir immer alle finanziellen Mittel zukommen lässt, die ich benötige.
- Ich liebe meine Arbeit und bin erfolgreich in dem, was ich tue. Ich werde dafür materiell gut entlohnt.

Spiritualität als Berufung

Viele der Dualseelenpaare sind hochspirituell. Sie haben – Loslasser und Gefühlsklärer gleichermaßen – eine unheimlich gute Intuition, sind empathisch und tendieren in hellsichtige und hellfühlige Bereiche der Esoterik. Der Loslasser kann dies in der Regel auch sehr gut ausleben. Der Gefühlsklärer negiert diese spirituelle Ader seines Selbst oft noch sehr stark, da sie wieder mit Emotionen zu tun hat, die er ja eh nicht so gern an sich ranlässt. Die Anlagen und Fähigkeiten sind aber da.

Findest auch du dich wieder in der Berufung Spiritualität, ist es ganz wichtig, dass du das für dich lebst. Das muss nicht immer zwangsläufig auch ein entsprechender Vollzeitjob sein. Es sollte aber auf jeden Fall Integration in dein Leben finden. Es gibt viele unterschiedliche Möglichkeiten, diese wunderschöne Seite deines Seins zu leben. Aber wir möchten in diesem Kapitel schon eher darauf eingehen, wie du dich am besten unterstützt, wenn du Spiritualität gerne als Beruf ausüben möchtest. Wir zählen zu diesen übrigens auch alle heilenden Berufe mit ganzheitlichen Ansätzen.

Sicherlich können wir in diesem Kapitel nicht zu sehr ins Detail gehen, denn damit könnten wir ein eigenes Buch füllen. Aber wir möchten dir helfen, einen ersten Überblick zu bekommen, was diese Berufung mit sich bringt. Nimm für we-

sentlich weitreichendere Hilfe bitte auch immer Existenz-
gründungsseminare oder auch unternehmensberatende Hilfe
in Anspruch, denn nichts ist schlimmer, als die eigene Existenz auf Sand zu bauen. Schaffe dir lieber eine solide Grundlage.

Der Bereich ist Herzenssache

Für welchen spirituellen Bereich du dich entscheidest ist vor
allem eine Herzensangelegenheit. Es gibt heutzutage so viele
schöne Möglichkeiten, sich spirituell zu betätigen. Und dein
Karma macht dir kaum eine Vorgabe, dass es dieser oder je-
ner Bereich sein muss. Wichtig ist einzig und allein, für welche
Technik, welchen Weg, welchen Bereich dein Herz schlägt. Es
weist dir den Weg.

Wenn du also noch nach dem für dich richtigen Gebiet suchst,
dann stell dir vor allem folgende Fragen:

- Welches Thema lässt mich nicht los?
- Über welche Thematik könnte ich jedes Buch kaufen
  und lesen?
- Mit welcher Arbeitsweise fühle ich mich richtig wohl?
- Welches spirituelle Gebiet lässt meine Seele tanzen
  und mein Herz springen?

Schau einfach genau hin, was dich immer wieder anzieht, wo
deine Aufmerksamkeit immer wieder geweckt wird. Dann
bekommst du schon eine Richtung, in die es gehen kann.

163

Kannst du die Fragen noch nicht wirklich beantworten, dann ist es für dich noch die Zeit der Orientierung. Probiere dann einfach Dinge aus, informiere dich im Internet auf entsprechenden Seiten zu verschiedenen Themen, besorge dir Bücher darüber, schau dir Infoabende und Workshops an. Setze dich aber nicht unter Druck. Alles braucht seine Zeit zu reifen. Sei dir gewiss, dass du DEINEN Bereich schon finden wirst, wenn du beharrlich danach Ausschau hältst.

Traumberuf Spiritueller Lebensberater oder Heiler

Hast du deinen persönlichen Herzensbereich gefunden ist es natürlich wichtig, sich auf diesem Gebiet so schlau wie möglich zu machen. Gibt es Ausbildungsmöglichkeiten, dann nimm diese in Anspruch, wenn du willst und kannst. In einigen heilerischen Bereichen wie dem Heilpraktiker oder dem psychologischen Heilpraktiker musst du es sogar tun, um diesen Beruf ausüben zu können, denn es ist eine gesetzliche Zulassung erforderlich. Für viele andere Bereiche bestehen jedoch keine gesetzlichen Vorgaben für Aus- und Weiterbildungen. Es ist also nicht zwingend notwendig, Workshops und Seminare zu belegen. Vieles kann man sich als Autodidakt auch selbst anhand von Büchern erarbeiten. Trotzdem ist es eventuell wichtig Zertifikate zu erhalten und damit eine Ausbildung nachweisen zu können. Das ist jedoch für jeden einzelnen Bereich sehr unterschiedlich.

Egal welcher Bereich es jedoch für dich sein mag, es ist immer wichtig, dass du dein Bestes gibst. Schließlich geben sich nachher Menschen in deine vertrauensvollen Hände, und diese dürfen erwarten, dass du weißt, was du tust und rätst. Geh also mit einer gebotenen Sorgfaltspflicht an diesen Beruf heran. Gönn dir die bestmögliche Aus- und Weiterbildung auf deinem Gebiet, damit du auch entsprechend arbeiten kannst und dabei auch erfolgreich bist.

Wenn es um den Traumberuf Spiritueller Lebensberater oder Heiler geht, ist es immer wichtig, mit Leib und Seele bei der Sache zu sein. Weil es aber ein Beruf sein soll – wenn eventuell vielleicht vorerst nur Teilzeit – darf auch die materielle Ebene nicht außer Acht gelassen werden, denn ein Beruf soll dich schließlich auch ernähren, Kosten decken und dir ein Leben ermöglichen können. Denn gerade weil es hier um eine Herzensangelegenheit geht, dieser Beruf dich tatsächlich ausfüllen soll, musst du ein deutliches Augenmerk auch auf die finanzielle Seite dieses Traumberuf legen. Wie wir schon erwähnt haben, hat der Loslasser es nicht so mit der materiellen Seite des Lebens. Uns ist das Herz einfach wichtiger. Aber gerade in diesem Bereich darf keine Schieflage vorhanden sein. Wir begeben uns aus einer Herzenssache, einer emotionalen in eine materielle Ebene hinein, in den Beruf, in die Arbeit. Hier die Spielregeln der materiellen Welt außer Acht zu lassen, bedeutet leider dann auch, das eigene Scheitern vorzuprogrammieren. Aus diesem Grunde ist es auch wichtig, zu überlegen, in welchem Rahmen du arbeiten möchtest. Wie also soll deine Arbeit nachher von statten gehen und was benötigst du dafür? Und – welche Kosten kommen da eventuell auf dich zu und wie deckst du sie?

Schau Dir dafür einfach mal unsere Checkliste an, dann kannst du schon für dich sondieren, was alles dazugehört, sich in diesem wunderschönen Beruf auf die eigenen Beine zu stellen.

~ Checkliste für meinen Traumberuf *~*

- Muss ich mich an gesetzliche Bestimmungen und Ausbildungen halten? Wenn ja, welche?
- Was brauche ich, um eine fundierte Ausbildung in diesem Bereich zu erhalten?
  - Was kann ich autodidaktisch tun? Wo brauche ich Zertifikate?
- Wenn ich soweit bin, wie stelle ich mir meine eigene Arbeit vor?
  - Möchte ich Voll- oder (vorerst) Teilzeit arbeiten?
  - Welche Arbeitszeiten schweben mir vor?
  - Was für Räumlichkeiten brauche ich?
  - Möchte ich alleine oder mit jemandem zusammen arbeiten?
- Welche Klientel möchte ich ansprechen? Wer ist meine Zielgruppe?
- Welche Kosten kommen bei meinen Absichten auf mich zu?
  - Brauche ich bestimmte Apparaturen, Liegen oder andere Materialien?

- ○ Was kosten mich Werbung, eigene Homepage etc.?
- ○ Wo und wie werbe ich?
- Wie soll die Preisgestaltung aussehen?
  - ○ Nachrechnen: Kann ich damit meine Kosten decken?
  - ○ Businessplan erstellen

Die Liste ist sicherlich nicht vollständig und muss für verschiedene Bereiche sicherlich auch angepasst werden. Aber es geht uns hier vor allem um die Idee dahinter. Stelle deine Planung auf ein sicheres Fundament, damit du nachher nicht dein Geschäft auf Sand aufbaust.

Aller Anfang ist schwer

Solltest du dich derzeit noch in einem anderen festen Job befinden, würden wir dir immer empfehlen erst einmal nebenberuflich in deinen Traumjob einzusteigen. Vielleicht musst du deine bisherigen Arbeitsstunden dafür etwas reduzieren oder du opferst generell einfach mehr von deiner Freizeit. Gehe bitte so oder so davon aus, dass es sich für eine gewisse Zeit erst einmal um eine berufliche Doppelbelastung handelt. Deine neue Selbstständigkeit wird deine volle Aufmerksamkeit fordern, aber der alte Job bietet dir noch die finanzielle Stabilität. Das ist sicherlich nicht leicht zu händeln. Aber es ist ein Weg in die Selbstständigkeit, der dir ein Sicherheitsnetz mit doppeltem Boden bietet. Die Übergangszeit lohnt sich, denn in der Regel backen alle Selbstständigen am Anfang kleine Brötchen. Es geht nicht von heute auf morgen mit voller Arbeitsbelastung los, denn wenn du startest, weiß noch kaum jemand von deinem Angebot. Es braucht einfach Zeit, das zu etablieren.

Solltest du direkt durchstarten können, weil deine finanzielle Situation es zulässt oder auch, weil du dir nach der Arbeitslosigkeit eine finanzielle Existenzgründungsspritze beim Arbeitsamt ergattern kannst, dann hast du es vielleicht zeitlich betrachtet etwas leichter, aber auch hier gilt es sich voll und ganz auf den Aufbau deiner Praxis zu konzentrieren. Denn egal wie du startest, du musst immer beherzigen, dass aller Anfang schwer ist. Je nachdem wie geschickt man sich im Vorfeld auch anstellt, die eigenen Tätigkeit anzukündigen, zu bewerben und Präsenz zu zeigen, werden sich die ersten Kunden und Klienten einstellen. Trotzdem erfährt fast jeder Selbstständige am Anfang eine Durststrecke, in der es einfach gilt, durchzuhalten. Und damit du das kannst – auch wenn eventuell noch nicht genug Geld für ein Einkommen fließt – ist die vorherige Planung so wichtig. Denn ein Geschäft wächst langsam. Es muss sich rumsprechen, dass es dich gibt, dass du tolle Arbeit leistest, dass du vertrauenswürdig bist. Hab also Geduld und konzentriere dich am Anfang vor allem auf den Aufbau deines Kundenstammes. Konzentriere dich auf deine Arbeit und was du tun kannst, damit dein Geschäft floriert. Denn es soll keine finanzielle Bauchlandung werden und dich damit in Schwierigkeiten bringen.

~ Einfache Formel für Erfolg *~*

$$B + P = E$$

Beharrlichkeit + Präsenz = Erfolg

Viele mögen glauben, dass Erfolg etwas mit Glück zu tun hat. Unsere eigene Praxis hat uns jedoch etwas anderes gelehrt. Die Essenz für einen erfolgreichen Aufbau einer Selbstständigkeit – auch im spirituellen Bereich - ist nämlich viel mehr, immer wieder zu zeigen, dass man da ist (Präsenz), dass es einen gibt. Und das auch immer und immer wieder zu tun (Beharrlichkeit). Dann kommt der Erfolg ganz automatisch. Das Glück ist mit den Tüchtigen. Also bleibe an deinem Traum dran, kümmer dich so gut es geht um deine Arbeit, dein Marketing und dergleichen mehr und bleibe hartnäckig. Dann schaffst du es auch.

Nicht zögern

Wir bemerken in unserer Praxis immer wieder, dass viele spirituelle Menschen den Start der eigenen Tätigkeit hinauszögern. Und es gibt verschiedene Gründe dafür. Jedoch hören wir am häufigsten, dass man sich die eigene Arbeit noch nicht zutraut, Angst vor Fehlern und Misserfolgen hat, sich noch nicht ausgebildet genug fühlt, nicht bereit ist und dass die Erfahrung fehlt. Gerade Erfahrung hat jedoch etwas damit zu tun, auch Erfahrungen gesammelt zu haben – sprich aktiv gewesen zu sein. Und diese Erfahrung kann man nur sammeln, wenn man einfach macht, was man vorhat.

169

Deshalb bitte: Trau dich einfach. Nur wenn du anfängst, wirst du feststellen, was du schon super beherrschst, wo eventuell noch nachgebessert werden muss, was dir fehlt oder was vielleicht auch völlig unnötig ist. Außerdem ist das Entscheidende daran, dass du Feedback bekommst. Nur die Menschen, die du behandelst oder berätst, können und werden dir wie ein Spiegel mitteilen, was du tatsächlich noch brauchst oder auch nicht. Außerdem kann dein Selbstvertrauen in deine Arbeit nur wachsen, wenn du gute Erfahrungen machst, wenn du direkt bestätigt bekommst, dass du helfen konntest. Denke einfach immer wieder daran, dass gerade du als Herzmensch alles für deine Klienten geben möchtest, mit Leib und Seele für sie da bist und damit einfach tolle Arbeit leisten willst. Du musst dich nicht verstecken. Du hast etwas ganz Tolles anzubieten und du tust es aus dem schönsten Herzenswunsch heraus, den es gibt: Anderen helfen zu wollen.

Spiritualität und das liebe Geld

Gerade wenn es um den Traumberuf in der Spiritualität geht, ist die Grätsche zwischen dem Herzenswunsch, Menschen helfen zu wollen, und der finanziellen Seite, dass man davon auch leben können sollte, nicht ganz einfach. Das wird dir spätestens dann auffallen, wenn es um die Preisgestaltung deines Angebotes geht.

Es ist nichts Schönes daran, die Preise so hoch anzusetzen, sodass sie in Richtung Wucher tendieren, da spirituelle Beratung oder alternative Heilmethoden von den Kunden und Klienten immer aus eigener Tasche bezahlt werden müssen und von keiner Institution übernommen werden. Und es sollte niemand übervorteilt werden. Außerdem haben wir Spirituellen immer den Ansatz, auch Menschen wertvolle Hilfe zu bieten, die es nicht „so Dicke" haben. Es ist aber ebenso unangebracht, die Preise so niedrig anzusetzen, dass du kaum deine Kosten damit decken kannst und du eventuell noch draufzahlst, weil du gar nicht so viel arbeiten könntest wie du müsstest. Du merkst, wir sind schon wieder in der Dualität. Ein zu viel oder zu wenig ist nicht das Ziel und wird auch schlecht funktionieren. Auch hier gilt es, eine ausgeglichene Mitte zu finden.

Berücksichtige bitte auch, dass wir Menschen alle so konzipiert sind, dass wir zu günstige Preise auch immer mit minderwertiger Qualität assoziieren. Bietest du deine Leistungen also zu günstig an, könnte ein Klient das auch auffassen als: nichts wert. Zu hohe Preise suggerieren aber auch nicht zwangsläufig eine sehr gute Qualität. Hier wirst du von deinen Klienten eher auf die Probe gestellt, ob du das auch leisten kannst, was du bei deinen Preisen versprichst. Die Erwartungen sind dann auch entsprechend hoch. Und das kann ebenso zur Falle werden. Außerdem willst du ja auch nicht vermitteln, dass es dir nur ums Geld geht. Deine Arbeit ist schließlich aus einem wundervollen Herzenswunsch geboren worden.

Für den Anfang kannst du sicherlich niedrigpreisige Schnupperangebote machen. So lernen die Menschen dich und deine Arbeit auch gut kennen, ohne einen zu hohen finanziellen Aufwand zu haben. Aber dann solltest du dich in einer für dich vertretbaren Mitte einfinden. Außerdem kannst du später Sozialtarife anbieten, die es Klienten mit wenigen finanziellen Mitteln erlauben, trotz allem deine Hilfe in Anspruch nehmen zu können. Es gibt hier verschiedene Möglichkeiten dir ein finanzielles Auskommen zu ermöglichen und trotzdem deine Herzenswärme, dein Verständnis und deinen lieben Willen helfen zu wollen mit einzubeziehen.

Hast du jedoch sehr starke Probleme mit der Preisgestaltung, dann schau dir bitte noch mal das Kapitel über den Selbstwert und die Selbstliebe an, denn deine eigene Einschätzung über den Wert deiner Arbeit hängt mit dieser Thematik unmittelbar zusammen.

~ Affirmationen für Job & Finanzen *~*

- Ich liebe meine Arbeit und ich diene mit Hingabe. Ich werde dafür auch auf materieller Ebene gut entlohnt.
- Ich bin spirituell erfolgreich und lasse mich gleichermaßen von Herz und Verstand bei meiner Arbeit leiten.
- Ich weiß, dass Dienen und Verdienst unmittelbar zusammenhängen. Deshalb diene und verdiene ich gut.

Mutter- und Vaterthemen

Wir stellen immer wieder fest, dass der Loslasser, aber auch der Gefühlsklärer, mit der eigenen Mutter oder dem eigenen Vater noch eine Thematik aufzuarbeiten hat. Mit einem von beiden hat man in der Regel ein gutes mit dem anderen ein weniger gutes Verhältnis. In selteneren Fällen ist das Verhältnis zu beiden nicht gut oder es ist auch keines da, weil Mutter oder Vater einen schon früh verlassen hat – aus welchen Gründen auch immer.

Die Problematiken, die dort im Raume stehen, können unterschiedlich schwerwiegend sein. Wir wollen keinen einzigen Elternteil als Rabenmutter oder -vater aburteilen. Wir alle haben in unserem Leben mehrere Rollen gleichzeitig zu erfüllen wie z. B. die beste Freundin, die Kollegin, die Ehefrau, die Mutter und so weiter. Manchmal kollidieren diese Rollen und man kann sich zerreißen, wie man will, man macht einfach Fehler, muss sich entscheiden und eine Rolle leidet. Und oft sind dies auch nur Kleinigkeiten. Solltest du jedoch ein wirklich schwerwiegendes Problem aufzuarbeiten haben, möchten wir dich an dieser Stelle wieder bitten, dir professionelle Unterstützung in Form von psychotherapeutischer Beratung zu holen. Wir können gerade in dieser Hinsicht keine therapeutische Hilfe ersetzen. Wir wollen aber versuchen, dir einen etwas anderen Blick auf die Dinge zu ermöglichen und dir damit einen Weg in Richtung Heilung der Thematik zu öffnen.

Familienkarma

Schauen wir uns dieses Thema einmal unter einem karmischen Aspekt an, ist es so, dass wir uns unsere Familie aufgrund der zugrunde liegenden Lernaufgaben und Entwicklungen, die unsere Seele sich für dieses Leben wünscht, sehr genau aussuchen. Nichts ist hier Zufall, sondern eindeutig so gewollt. Das mag schwer im Magen liegen, wenn man in der eigenen Kindheit wirklich viel einzustecken hatte. Aber wenn man sich mit dieser Ansicht anfreundet, ermöglicht sie einem auch einen anderen Blickwinkel auf eventuell schlimme Erlebnisse.

Als kleine Kinder sind wir sehr formbar, wir entscheiden noch nicht aus eigenem Willen über unsere Lebensumstände und können uns unangenehmen Situationen auch nicht aus eigener Kraft entziehen. Wir laufen durch unser Leben, wie kleine unbeschriebenen Tafeln, auf die jeder etwas kritzeln darf und kann, der vorbeikommt. Die geschieht entweder durch Worte oder auch durch Taten, die man uns zukommen lässt. Karmisch betrachtet lassen uns gerade unsere Eltern durch diese Situation die Erlebnisse zukommen, die wir benötigen um den uns eigenen Entwicklungsstand herzustellen, den wir bereits erworben haben, als wir das letzte Leben verlassen haben, damit wir dieses Leben voll nutzen können, um uns weiterzuentwickeln. Schaut man sich also auf diese Weise das in der

Kindheit Erlebte an, sorgen die eigenen Elternteile dafür, dass wir für unsere weitere Entwicklung die besten Voraussetzungen erhalten. Sie setzen die Grundlagen für die Lernaufgaben, die wir uns für dieses Leben ausgesucht haben. Es würde ja auch keinen Sinn machen, in jedem Leben immer wieder von vorne anfangen zu müssen. Die Möglichkeit, immer weiter zu lernen, wäre dann kaum gegeben.

Wir wissen, dass dies nur eine Seite der Medaille ist. Wir möchten damit die eventuell schmerzhaften Erfahrungen in der Kindheit nicht kleinreden. Aber es ist ein Ansatzpunkt, die Dinge anders zu betrachten, eine Vogelperspektive einzunehmen und damit einen größeren Sinn dahinter zu erkennen. Unter diesem Aspekt erfüllen die eigenen Eltern nämlich eine Aufgabe. Und auch hinter den schlimmen Erlebnissen steht – karmisch – dann eine höhere Bedeutung.

Es geht um deine Sicht der Dinge

Das allerwichtigste beim Abarbeiten und Klären von Mutter- und/oder Vaterthemen ist deine eigene Sichtweise auf die Dinge, die damals passiert sind oder auch heute noch aktuell als Problematik erscheinen. Denn nur wenn wir daran etwas verändern, nehmen wir uns selbst aus der „Opferrolle" heraus, lernen aus den Erfahrungen hinzu, werden damit erwachsen und begeben wir uns auf den Weg der Heilung.

Es geht dabei nicht darum, wie deine Eltern dies betrachten, ob sie sich im Recht sehen bei bestimmten Verhaltensweisen, nicht wissen, dass sie dir wehgetan haben oder es auch nicht sehen wollen. In allererster Linie ist für dein Wohlbefinden entscheidend, was du aus den dir geschehenen Ereignissen machst, denn deine Seele muss wissen, wie sie damit umzugehen hat, damit es ihr nicht (länger) schadet. Das genügt, um deine Situation zu verbessern. Du musst es mit deinen Eltern also nicht direkt klären.

Stellen wir uns einmal vor, der Elternteil, mit dem du Probleme hast, würde bereits nicht mehr leben. Müsstest du zur Heilung der Situation diese Erlebnisse mit diesem Elternteil direkt besprechen, hättest du keine Möglichkeit mehr dazu, deine Wunden zu schließen. Manchmal sind Elternteile zu diesen Gesprächen auch gar nicht bereit und blocken eine Klärung ab. Auch in dieser Situation müsstest du dich geschlagen geben und hättest keine Möglichkeit diese Thematiken zu überwinden. Deine eigene Entwicklung ist aber nicht von deinen Eltern oder sonst irgendjemandem abhängig, sondern einzig und allein von deiner Entscheidung, wie du weiterhin damit umgehen möchtest. Nichts anderes zählt. Deshalb kannst du diese Dinge für dich ganz alleine klären und daran wachsen.

Um dir eine Hilfestellung zu geben, wie du an diese Themen herangehen kannst, möchten wir dir eine schöne Technik vorstellen.

~ Reframing *~*

Reframing ist eine Technik aus dem NLP (Neurolinguistisches Programmieren), die so viel bedeutet wie, „einer Sache einen neuen Rahmen zu geben". Wir geben uns auf diese Art die Möglichkeit, unter anderen Aspekten auf die geschehenen Dinge zu blicken und sie daher anders zu verarbeiten.

Du kennst sicherlich die alte Metapher mit dem halb gefüllten Glas. Für manchen ist es halb voll, für andere ist es halb leer. Letztlich ist es jedoch einfach ein halb gefülltes Glas. Wie wir dieses Glas betrachten, macht es zu etwas Gutem oder etwas Schlechtem. Etwa derselben Methodik bedient sich das Reframing. Denn es versucht, das gleiche Ereignis aus einem anderen Blickwinkel zu betrachten.

Möchtest du den Prozess einmal durchlaufen, dann suche dir nun eine Problematik aus, die du gerne bearbeiten möchtest. Nimm zu Anfang am besten etwas, das relativ leicht ist, damit du dich mit dem Ablauf vertraut machen kannst und auch ein erstes Erfolgserlebnis leichter erreichst. Formuliere aus deinem Thema einen Satz, der dein Problem beschreibt und gehe dann die folgenden Fragen durch. Sie werden eventuell nicht alle passen. Überspringe sie dann einfach. Schreibe dir alles genau auf, damit du den Prozess später noch einmal für dich nachvollziehen kannst.

Problem: _____

Fragen:

- Wir fühle ich mich, wenn ich an dieses Ereignis/das Problem denke?
- In welchem Zusammenhang könnte dieses Problem für mich einen höheren Sinn ergeben?
- In welchem Zusammenhang wäre, das was passiert ist, sogar wichtig und richtig für mich?
- Welche Entwicklungsmöglichkeiten könnte mir das Ereignis/das Problem gegeben haben?
- Gibt es Situationen, wo ich das Problem tatsächlich gebrauchen könnte?
- Wozu könnte das Problem für mich gut gewesen sein?
- Wenn ich mir vorstelle, das Problem nie gehabt zu haben, welche Erlebnisse, Personen oder Dinge, für die ich heute jedoch sehr dankbar bin, hätte ich dann nie gehabt, kennengelernt oder bekommen?
- Wenn ich mir einmal meine Zukunft vorstelle, wofür könnte mein Problem dann gut gewesen sein?
- Für welches frühere Problem war mein jetziges vielleicht eine Lösung?
- Wie fühle ich mich jetzt, wenn ich das Ereignis/das Problem denke?

Höchstwahrscheinlich wirst du schon einen anderen emotionalen Zugang zu deinem Problem bekommen haben. Sollte es dir jedoch noch nicht reichen, durchlaufe den Prozess einfach noch einmal.

Vergeben und Verzeihen

Ein weiterer sehr wichtiger Aspekt ist das Thema Vergebung. Es ist nämlich leider so, dass du ohne das Verzeihen weiter an deinem Problem und deinem Schmerz festhalten wirst.

Um dir diesen Schritt zu erleichtern, ändern wir auch hier einmal deinen Blick auf die Dinge:

Vergeben und Verzeihen bedeutet niemals, dass du die Dinge, die dir angetan wurden, gutheißen sollst. Es heißt auch nicht, dass du hinnehmen sollst, dass man diese Dinge wieder mit dir tun darf. Das verlangt niemand von dir. Aber es ist so, dass du dir quasi nie den Stachel aus dem Fleisch ziehst, wenn du es nicht tust. Er bleibt weiter stecken und kann über die Jahre eitern und dich sogar innerlich vergiften, wenn du nichts dagegen unternimmst. Vergebung ist in allererster Linie ein Akt der Selbstliebe, etwas was du ganz allein für dich tust. Mit dem Verzeihen entscheidest du einzig und allein nur, dass du nicht länger gewillt bist, unter der Vergangenheit, die du eh nicht mehr verändern kannst, zu leiden. Du ziehst den Stachel und ermöglichst dir die Heilung deiner Wunden. Die Narbe, die dabei entsteht, sollte dich immer mahnen, wachsam zu sein, dich nicht wieder und auch nicht wieder auf diese Weise verletzen zu lassen. Aber tu dir und deiner lieben Seele den Gefallen, das noch schmerzende Teil zu entfernen, damit es dir auch dauerhaft gut gehen kann. Einen Splitter im Finger würdest du auch entfernen, statt ewig auf das Stück Holz wütend zu sein, das ihn dir zugefügt hat.

179

~ Auflösender Brief an die Eltern *~*

Wir möchten dir vorschlagen, einmal einen Brief an den Elternteil zu schreiben, zu dem du deiner Meinung nach das schlechte Verhältnis hast oder mit dem es Probleme gab und/oder gibt. Da dieser Brief niemals seinen Adressaten erreichen soll, lass deinen Gefühlen - egal wie sie auch immer sein mögen – bitte freien Lauf. Schreib, wonach immer dir ist. Ist es Wut? Gut. Dann schreibe in deinen Worten auf, warum du wütend bist. Ist es Verletzung? Dann schreibe auch das. Lass in diesem Brief einmal alles heraus, was dich belastet, traurig oder auch aggressiv macht. Alles hat hier Platz, was sonst nur in deiner Seele und deinem Herzen schwelt und dich daran hindert, glücklich zu sein.

Der Sinn liegt darin, dass du all die aufgestauten Gefühle raus lassen kannst. Denn durch das ständige Schlucken und Unterdrücken dieser Emotionen schadest du nur dir selbst. Und du schlägst die Tür zu, durch die diese Gefühle sogar verschwinden wollen, wenn sie hochkommen.

Lass dir Zeit für diesen Brief. Wenn es mehrere Tage oder auch Wochen dauert, ist das völlig egal. Wichtig ist nur, dass er für dich fertig ist. Nimm dir den Raum, den du benötigst, um ihn fertigzustellen.

Hast du alles, dann gib deinen Brief in einen Umschlag. Schreibe auf den Umschlag nur „An Mama" oder „An Papa" ohne Adresse, ohne Absender. Und dann ab damit in den gelben Briefkasten. Und hab keine Bedenken. Die Post schreddert Briefe ohne Adressaten. Er wird also nicht gelesen.

Es geht dabei nur darum, dass du die Dinge, die du aufgeschrieben hast auch los wirst. Der Akt, es abzugeben und damit auch loszulassen, ist entscheidend. Ist dir der Gang zum Briefkasten jedoch zu unangenehm, dann such dir ein fließendes Gewässer. Wirf den Brief rücklings über deine Schulter ins Wasser und lass ihn davontragen. Schau dich nicht mehr um, sondern lass es wirklich hinter dir. Auch so kannst du die Dinge ziehen lassen.

~ Affirmationen für die Aufarbeitung von Mutter- und Vaterthemen *~*

- Ich bin mit meinen Eltern im Reinen und im Frieden mit mir selbst.
- Ich vergebe und verzeihe alles Vergangene, sehe voller Kraft und Mut in die Zukunft und finde dadurch in der Gegenwart Frieden in meiner Seele.
- Alles ist aus einem Grund geschehen. Ich bin im Reinen mit den Ereignissen. Es ist alles in Ordnung in meiner Welt.

Freundeskreis erneuern

Eine Karmaklärung – also die Lösung der Lernaufgaben hinter der Dualseelenverbindung – ist nicht leicht. Die Leidenszeit ist oft sehr lang. Und wir hören leider immer wieder, dass sich der Freundeskreis in dieser Zeit sehr dezimiert, wenn nicht sogar ganz geht. Die bisherigen Freunde verstehen einfach nicht, was mit einem geschieht und können diese besonderen Ängste, diese Gefühle und die besondere Liebe nicht verstehen, wenn sie es bis dato noch nicht selbst erlebt haben. Und manchmal kommen die bestehenden Freunde auch nicht mit den Veränderungen zurecht, die man während der Lösung der Aufgaben durchmacht. Deswegen gehört zu den Nebenlernaufgaben oftmals auch, einen neuen Freundeskreis aufzubauen. Die Schwierigkeit, die sich dabei stellt, ist leider die, dass Freunde nicht auf Bäumen wachsen. Und es gibt auch kaum Internetportale, wie es sie für Singles gibt, wo man Freunde einfach so finden kann. Dennoch möchten wir dir den ein oder anderen Tipp geben, der das Finden neuer Freunde erleichtert. Denn es ist möglich und gleichzeitig auch eine wundervolle Erfahrung.

Es braucht Zeit

Einer der wichtigsten Punkte bei diesem Thema ist, dass du dir Zeit lässt. Denn neue Freunde lernt man leider nicht so leicht kennen, wie einen neuen potenziellen Partner oder Freund. Schließlich kann man nicht in die nächstbeste Bar gehen, sich eine Frau ausgucken und dann hingehen: *„Hallo, ich bin...". Möchtest du meine neue beste Freundin sein?"* Unter Umständen würde man mit dieser Methode recht merkwürdige Blicke ernten. Es wäre zwar schön, wenn es so gehen würde, aber es braucht doch leider mehr Zeit. Freundschaft ist ja auch schließlich kein akutes Verliebtsein oder ein schneller Flirt, sondern vielmehr ein Aufbauen eines Vertrauensverhältnisses, was einfach etwas dauert.

Wir rechnen bei diesem Thema leider schon mit etwa einem halben Jahr, wenn man schon jemanden kennengelernt hat. Denn bis man diesen Jemand zu sich nach Hause oder auch zum Geburtstag einlädt, vergehen meist einfach Zeit und auch einige Treffen auf ungezwungener Basis. Bis man sich entschieden hat, dass man sich so sympathisch und nett findet, dass dieser nächste Schritt kommt. Natürlich geht so was auch mal schneller. Hab einfach Geduld mit diesen Dingen.

Doch das Wichtigste ist natürlich: Wie und wo lerne ich denn jemanden kennen, der als Freund/Freundin in Frage kommt. Und darauf wollen wir nun eingehen.

Rausgehen ist der Schlüssel

Zuhause kennen dich alle, stimmt's? Und den Postboten oder deine Nachbarn hast du dir sicherlich auch schon angesehen. Ob sie eine Freundschaft wollen? Eventuell, aber eventuell auch nicht. Deshalb ist es natürlich ganz entscheidend, dass du dich aus deinen eigenen vier Wänden bewegst. Es wäre zu schön, wenn neue Freunde einfach an der Haustür klingeln. Aber das wird in den seltensten Zufällen passieren. Also, raus mit dir!

Such dir in deiner Umgebung schöne Orte, die du besuchen kannst. Fantastisch wäre es natürlich auch, wenn es dort zwangsläufig zu Kontakten mit anderen Menschen kommt. Wie wäre also beispielsweise ein Krimi- oder auch Quizabend in einer Kneipe oder Bar? Eine Lesung zu einem tollen Thema mit anschließender Diskussion in einem Buchladen? Denn dies sind zwei wundervolle Beispiele, wo sich fremde Menschen treffen, um zusammen Dinge zu unternehmen. Der Austausch zwischen ihnen ist vorprogrammiert. Man kommt ins Gespräch. Teste einfach aus, was dir Spaß macht, denn dann hast du natürlich auch eine schöne und natürliche Ausstrahlung, wirkst sympathisch und fröhlich.

Es kann aber auch jede andere Aktivität sein. Schau bei der Auswahl dieser Unternehmungen nur immer auf zwei Dinge:

- Würde es mir Freude machen? Habe ich Spaß dabei?
- Und komme ich leicht mit Menschen in ein Gespräch – eventuell zu einem bestimmten Thema?

Ein Kinobesuch, wo man allein im Dunkeln mit Menschen sitzt und einen Film anschaut und dabei schweigt, fällt also nicht in diese Kategorie und ist folglich auch nicht geeignet, um neue Freunde kennenzulernen. Hier gehen die Menschen nach dem Film wieder getrennt aus dem Kino und unterhalten sich hinterher nicht miteinander. Wir sprechen hier auch nicht von Internetforen zu bestimmten Hobbies. Denn hier findet alles meist nur virtuell statt. Und wir wünschen dir Freunde, die real da sind, dich in den Arm nehmen, wenn du Trost brauchst und mit dir Spaß haben, wenn du draußen unterwegs bist. Solltest du in solchen Foren jedoch schon nette Menschen kennengelernt haben, dann hole sie in das reale Leben. Telefoniere mit ihnen und trau dich auch, dich mit ihnen zu treffen. Denn sonst bleibt man immer allein am Computer sitzen. Und das ist nicht Sinn einer Freundschaft.

Am einfachsten geht es über ein Hobby

Am geeignetsten ist jedoch ein Hobby, das man in der Öffentlichkeit und/oder mit anderen zusammen ausführt, um mit neuen Leuten in Kontakt zu kommen. Gehen wir einfach mal mit dir ein paar Jahre oder auch Jahrzehnte zurück und versetzen dich zurück in die Zeit des Schulanfangs, als die Berufsausbildung oder auch ein neuer Job begann. Irgendwie sind einem zu dieser Zeit alle fremd. Man geht hin und kennt noch niemanden. Aber, weil alle immer wieder kommen, die gleichen Dinge tun und man sich dabei immer wieder begegnet, gibt es immer auch jemanden, mit dem man sich irgendwann austauscht und sogar auch befreundet. Wir suchen uns im Klassenzimmer, in der Ausbildung oder auch in der neuen Arbeitsstelle die Menschen nicht aus. Aber wir finden in der Regel immer jemanden, der uns sympathisch ist und mit dem wir uns anfreunden. So hat das in unseren Kindertagen und auch im Berufsleben immer mit neuen Freunden geklappt.

Wichtig ist also nur, dass wir dieses Prinzip möglichst übertragen. Such dir also etwas, was dir wirklich Freude machen würde und wenn möglichst auch noch mit jemandem zusammen gemacht werden kann. Und dann suche dir einen Ort, wo du zur Ausübung dieser Aktivität immer wieder hingehen kannst und auch andere Menschen immer wieder hingehen. Es wird sich nach einer gewissen Zeit zwangsläufig ein Gespräch mit anderen ergeben, man unterhält sich, knüpft Kontakt und es entstehen dann auch neue Freundschaften. Gute Beispiele dafür wären zum Beispiel Teamsportarten wie z. B. Volleyball oder Handball. Dort wird es sicherlich schnell gehen. Aber auch andere Sportarten, die man in Kursen machen kann wie z. B. Aquafitness wäre denkbar. Wenn du gerne singst, könnte ein Chor oder auch eine Karaokebar eine geeignete Wahl sein. Tanz du gerne, dann versuch doch mal Line Dance. Es gibt so viele wundervolle Möglichkeiten. Sei etwas kreativ, besuche einen Kurs für Malerei oder kreatives Gestalten. Überall wo du mit Menschen in Kontakt kommst, die auch lieben, was du liebst, hast du auch sofort ein Thema zum Austauschen und Erzählen.

~ Affirmationen für neue Freundschaften *~*

- Ich bin ein freudiger Mensch mit positiver Ausstrahlung und ziehe wundervolle neue Freunde an, die perfekt zu mir passen.
- Ich erlebe voller Freude einen neuen, sich mir öffnenden Freundeskreis.
- Ich bin zu jeder Zeit am richtigen Ort und knüpfe wundervolle, unterstützende, neue Freundschaften.

Trennung vom bestehenden Partner

Solltest du dich noch in einer Partnerschaft befinden, also verheiratet sein oder auch in einer Beziehung leben, die nicht deinen Gefühlsklärer betrifft, dann wird diese Lernaufgabe noch Bestandteil deines Lernprozesses sein. Wir möchten hier nicht dafür plädieren, dass du deinen jetzigen Partner – vor allem auch, wenn du ihn auf einer bestimmten Ebene noch liebst und ihr euch gut versteht - Hals über Kopf verlässt. Dafür solltest du dich schon bereit fühlen – vor allem auch vom Herzen her. Aber wenn es um die Dualseelenverbindung geht, die in einer Beziehung münden soll und wird, wenn alle Lernaufgaben erledigt sind, ist eine Trennung von deinem jetzigen Partner leider unumgänglich.

In diesem Kapitel möchten wir dir ein paar Denkanstöße geben, die dir diesen Schritt erleichtern sollen. Denn wir wissen, dass eine Trennung nie schön ist. Und das versuchen wir auch gar nicht erst schön zu reden. Aber schau dir einfach einmal die folgenden Überlegungen an.

Du liebst einen anderen

Wenn du dieses Buch in den Händen hältst, du noch in einer Beziehung steckst, dein Dual, Dein Gefühlsklärer jedoch ein anderer als dein Partner ist, dann liebst du einen anderen. Selbst wenn du deinen jetzigen Partner noch sehr lieb hast, wird die Liebe zu deiner Dualseele sicherlich tiefer, emotionaler und anziehender sein. Wir haben bisher noch nichts anderes berichtet bekommen. Wir müssen deswegen leider der unangenehmen Wahrheit ins Gesicht sehen: Wenn du einen anderen als deinen Partner liebst, ist das für die bestehende Beziehung ein emotionales „Aus".

In unser aller Idealvorstellung sollte der Partner an unserer Seite immer der „Eine" sein. Es sollten keine Gefühle für andere Personen und schon gar keine Rivalin eine Rolle spielen. Und diese Regel stellt nicht irgendwer auf, sondern gerade wir Herzmenschen, die Loslasser tun dies. Stellst du dir die Situation einmal umgekehrt vor, wärst du sehr verletzt, wenn der Partner noch jemand anderen im Herzen trägt. Du wärst eifersüchtig, fühltest dich betrogen und hintergangen. In der Regel fändest du diese Situation sogar schlimmer als einen klassischen Seitensprung. Du könntest das sicherlich nicht einfach hinnehmen und akzeptieren. Denn du wärst dann nicht mehr die „Eine". Aus diesem Grund solltest du ehrlich zu dir selbst sein, dich in die Lage deine Partners versetzen und dich fragen, ob das Weiterführen der Beziehung wirklich schön und fair für den anderen ist. Die Antwort wird auf diese Frage immer „nein" lauten.

Egal, wie lieb du deinen jetzigen Partner hast. Es ist besser – gerade um der schönen Zeiten und der noch vorhandenen Freundschaft Willen – sich all das klar zu machen und dann möglichst bald die Trennung zu vollziehen. Alles andere ist einfach – nun ja – nicht fair, nicht schön, nicht ehrlich. Und das hat gerade ein Partner, den man immer noch im Herzen trägt, einfach nicht verdient. Findest du nicht?

Du wirst deinem Partner und dir nicht mehr gerecht

Ein weiterer Aspekt ist, dass eine Partnerschaft, die eigentlich keine mehr ist, wenn sie nicht auf der Liebe basiert, die es für eine Ehe oder langjährige Bindung sein sollte. Deine Beziehung sollte lebhaft sein, Sexualität beinhalten, Freundschaft und Leidenschaft ausdrücken. Ist man jedoch seinem Dual begegnet, fällt es den meisten Loslassern sehr schwer, den Sex, die Leidenschaft und die Liebe zum bestehenden Partner aufrecht zu erhalten. Bloß was bleibt dann übrig? In der Regel sind dies Freundschaft – wenn man sich noch gut versteht -, gemeinsame Verpflichtungen, Alltag und derlei Dinge. Aber das allein macht keine Beziehung aus. Das ist mehr eine Wohngemeinschaft mit einem guten Freund oder Ähnliches. Wird das deiner Vorstellung von Beziehung gerecht? Wird diese Situation deinem Partner gerecht? Vermutlich nicht. Denn wir alle wollen innerhalb einer Liebesbeziehung, die eine Ehe oder ein eheähnliches Lebensverhältnis sein sollte, mehr! Sei also auch in dieser Hinsicht aufrichtig zu dir. Wie gerecht wird es dir und ihm, wenn die Beziehung auf dieser Ebene die nächsten Jahre so weiter läuft?

Finanzielle Abhängigkeiten und Kinder

Oft hören wir, dass der jetzige Partner oder Mann nicht verlassen werden kann, weil Kinder da sind und auch die eigenen finanziellen Mittel fehlen, um auf eigenen Beinen zu stehen. Wir haben dafür vollstes Verständnis, sei dir dessen bitte gewiss. Wir wissen, dass es nicht leicht ist, sich mit Kind und Kegel zu trennen und in eine ungewisse finanzielle Zukunft zu springen. Und darum geht es uns auch nicht. Aber solltest du dich in dieser Situation befinden, ist die nächste Nebenlernaufgabe „Sicherheiten aufgeben und selbst schaffen" noch einmal von Bedeutung für dich und ebenso die Aufgabe „Finanzen & Job aufbauen". Setze dich deshalb bitte mit diesen Kapiteln noch einmal genauer auseinander. Denn egal, wie schwierig deine Situation auch sein sollte. Auch auf dich kommt die Trennung vom bestehenden Partner zu, wenn du die Beziehung mit deinem Dualseelenpartner leben möchtest. Wir haben noch niemanden erlebt, der diese Aufgaben umgehen konnte. Denn zu den Lernaufgaben des Loslassers gehört es nun einmal, die eigenen Bedürfnisse zu erkennen (Selbstliebe), ihnen zu folgen – auch wenn es manchmal schwer ist und Trennungen (Abgrenzen) mit sich bringt – und für sich und diese Bedürfnisse Verantwortung und Sorge zu tragen.

Wir haben bedauerlicherweise in den vielen Gesprächen mit anderen Loslassern immer wieder herausfiltern können, dass

191

der Gefühlsklärer leider nicht daherkommt und wie ein Ritter in der silbernen Rüstung seinen Loslasser aus der bestehenden Beziehung „rettet". Wir wünschten uns für all jene, die in dieser verzwickten Situation stecken, dass es so wäre. Aber wir wissen leider nicht von einem einzigen Fall. Er wird es also nicht tun.

Also schau dir bitte in aller Ruhe an, was du trotz der schwierigen Lage tun kannst. Für Dich. Für Deine Kinder. Für die Fairness deinem Partner gegenüber. Wäre das Annehmen einer Arbeit eine Möglichkeit für Dich? Sind die Kinder eventuell schon alt genug oder gäbe es Betreuungsmöglichkeiten, damit du das tun kannst? Wie wären eventuelle Unterhaltsregelungen? Denn auch hier gilt es, ehrlich zu sein. Und nicht nur aus finanziellen Gründen bei deinem Ehemann zu bleiben. Auch das würdest du dir im umgekehrten Fall nicht wünschen und als Betrug, Verletzung und als unannehmbar betrachten. Sei also so fair, ihn nicht finanziell auszunutzen. Hol dir bitte auch in diesem Falle professionelle Hilfe in Familienberatungsstellen und Orten dieser Art. Wir möchten, dass du sicher und mit der bestmöglichen Hilfe durch solche Situationen kommst.

Angst, allein zu sein

Geht es bei dir darum, dass du Angst vor dem Alleinsein hast, wenn du dich getrennt hast, dann ist es extrem wichtig, dich noch einmal mit der großen Lernaufgabe „Ängste abbauen" zu beschäftigen. Schau dir bitte die dort gegebenen Tipps und

Coaching-Tools an, um sie auf diese spezielle Thematik anzuwenden. Denn das wird dir sicherlich schon einen riesigen Schritt weiterhelfen.

Wenn wir allgemein noch einmal einen Blick in unsere duale Welt werfen, dann wird klar, dass wir - um in die eigene Mitte zu kommen – sowohl die Fähigkeit haben sollten, mit jemandem zusammen sein zu können, als auch in der Lage sein sollten, mit uns allein zu sein. Fällt dir das Alleinsein jedoch noch sehr schwer, dann wird dies sicherlich noch eine Fähigkeit sein, die du noch weiter entwickeln solltest, damit du dich in beiden Situationen durchaus wohlfühlen kannst. Wir sprechen hier natürlich nicht vom glücklichen, ewigen Single. Dafür sind wir alle nicht gemacht. Aber für eine Übergangszeit solltest du dazu in der Lage sein, ohne Angst zu haben, ohne dich in irgendeiner Form unwohl zu fühlen.

Wenn diese Angst dich betrifft, dann schau bitte einmal genau hin, welches tatsächliche Gefühl sich hinter ihr verbirgt. Ist es vielleicht die Tatsache, dass du dich dann nicht mehr gebraucht fühlst? Fällt es dir schwer, dich mit dir zu beschäftigen? Weißt du nicht, was du dann tun sollst? Lenkst du dich eventuell gerne mit dem Kümmern um andere von deinen eigenen Bedürfnissen und/oder Problemen ab? Hast du für dich erkannt, was sich tatsächlich dahinter versteckt? Hast du herausgefunden, was du dir eventuell dabei nicht ansehen magst? Dann nutze doch einmal die Reframing-Methode, die wir dir im Kapitel „Mutter- und Vaterthemen" vorgestellt haben, um zu schauen, unter welchen Umständen Alleinsein sogar für eine gewisse Periode gut sein könnte.

~ Affirmationen für eine friedliche Trennung *~*

- Wir trennen uns friedlich und in aller Freundschaft. Und uns beiden geht es gut und sogar besser damit.
- Wir sprechen ruhig und sachlich über alle Probleme und können damit eine friedliche und freundschaftliche Trennung unserer Beziehung erreichen – zu unserem eigenen Wohl und zum Wohle unserer Kinder.
- Wir trennen uns in aller Liebe und wandeln unsere Beziehung in eine wundervolle Freundschaft.

Sicherheiten aufgeben und selbst schaffen

Diese Nebenlernaufgabe betrifft den Loslasser häufig, wenn es vor allem darum geht, sich vom noch bestehenden Partner zu trennen. Und sie geht oft Hand in Hand mit der Aufgabe „Finanzen & Job aufbauen" oder auch mit „Trennung vom bestehenden Partner". Findest du dich also auch in dieser Lernaufgabe wieder, dann schau dir die entsprechenden Kapitel mit an. Es kann bei diesem Thema aber nicht nur ausschließlich um eine finanzielle Sicherheit gehen, sondern auch um eine emotionale.

Für deine Entwicklung ist es extrem wichtig, dass du lernst, dich auch auf dich selbst verlassen zu können, ohne dich dabei hilflos und ausgeliefert zu fühlen. Es geht dabei vor allem um Eigenverantwortung und Selbstvertrauen für deine Seele. Denn ohne sie ist es kaum möglich, in eine innere Mitte zu kommen. Wenn du also immer das Gefühl hast, ich schaffe es nicht ohne die Finanzen meines Mannes oder ohne die emotionale Unterstützung, wirst du dich freiwillig immer wieder in Abhängigkeiten begeben, die dir letztlich aber immer wieder die eigene Freiheit nehmen.

Ich schaffe das auch allein

So einfach dieser Satz ist, so groß ist auch der Schub für dein Selbstwertgefühl, deine Kraft und dein Vertrauen in dich selbst, wenn du erkennst, dass du schwierige Situationen – egal welcher Natur – selbst meisterst. Das kann die eigene Wohnung nach langjähriger Beziehung oder Ehe mit all den finanziellen Verpflichtungen dahinter sein, aber auch der emotionale Kraftakt sich einmal mit den eigenen Gefühlen und Traurigkeiten alleine durchzustehen, wenn man sonst immer jemanden anrufen würde. Es geht dabei jedoch nicht darum, dass du dich daran gewöhnen sollst, dass dieser Zustand ab jetzt immer so sein soll. Nein, ganz sicher nicht. Aber „es alleine zu schaffen" soll dir zeigen, dass, wenn alle Stricke reißen, niemand hilfreich zur Verfügung steht, du es auch aus eigener Kraft und aus eigenem Antrieb heraus möglich machen kannst. Natürlich sollst und darfst du um Hilfe bitten, wenn es möglich ist. Aber du solltest nicht aus einer Angst heraus, es alleine nicht hinzubekommen, in einer Situation verharren, die dich nicht weiterbringt, dich einengt und an einem schönen und beglückenden Leben hindert.

Diese Erfahrung, egal ob finanziell oder emotional, wird dir deinen Rücken so sehr stärken, dass dir dieses Selbstvertrauen und diese Kraft niemand mehr nehmen kann. Wirklich niemand, außer dir selbst. Trenn dich also von Freunden, wenn sie dir nicht mehr guttun, wenn diese Freundschaft nur noch daraus besteht, dass du dich aufopferst und du sonst nichts fordern darfst. Es mag sein, dass du eine Weile ohne Freunde sein wirst, aber es werden neue kommen. Und diese

Freundschaften finden dann auf einer schöneren und ausge-
glicheneren Ebene statt. Trenne dich von einem Partner, den
du nicht mehr liebst, auch wenn es für dich bedeutet, dass du
dich finanziell wieder auf eigene Beine stellen musst. Denn
nur so machst du in deinem Leben Platz für eine neue beglückende Partnerschaft. Sicherlich ist das mühevoll. Und ganz
bestimmt ist es auch anstrengend. Veränderungen im Leben
sind immer erst mal unangenehm. Aber nach dem Prinzip der
Dualität können wir nichts bekommen, wenn wir nicht auch
bereit sind, dafür etwas zu investieren. Und das Geschenk, das
hinter dieser Nebenlernaufgabe liegt ist es immer wert.

~ "Ich hab's getan"-Liste *~*

Wir möchten dir eine kleine, aber effektive Methode vorstellen, die dir hilft, nach und nach mehr Selbstvertrauen und
Selbstsicherheit zu entwickeln. Wir nennen sie die „Ich hab's
getan"-Liste.

Nimm dir dazu einen Zettel und einen Stift und schreibe dir
für den Anfang kleine Dinge auf, die du gerne einmal alleine
meistern möchtest. Das kann durchaus auch so eine Kleinigkeit sein, wie selbst ein Loch in die Wand zu bohren, wo du
sonst definitiv jemanden um Hilfe bitten würdest, weil du sie
dir nicht zutraust. Notiere dir außerdem zu diesen Dingen,
was du benötigst, um sie umsetzen zu können. Dies können
auch Unterweisungen sein, die dich in die Lage versetzen,
diese Dinge zu meistern. Hast du eines dieser Dinge erledigt

male dir einen dicken Smiley neben die Aufgabe und hake sie ab. Und zum Schluss: Sei mächtig stolz auf dich!

Ein Punkt deiner Liste könnte – wenn wir einmal bei dem Beispiel „Ein Loch in die Wand bohren" bleiben – so aussehen:

Aufgabe: Ein Loch in die Wand für den Kleiderhaken bohren

Was ich dafür brauche:

- Bohrmaschine
- Passende Schraube und Dübel
- eventuell Unterweisung von einem Freund oder im Baumarkt

Erledigt: ☺

~ Affirmationen für mehr Selbstsicherheit *~*

- Ich weiß, dass ich es kann und ich schaffe alles, was ich mir vornehme mit Leichtigkeit.
- Ich fühle eine neue Sicherheit in mir, eine Kraft, die mir sagt, ich kann es. Ich schaffe das!
- Ich bin voller Zuversicht und entdecke freudig die neu gewonnene Sicherheit in mir, die ich mir von nun an selbst geben kann.

Andere Partner während der Klärung

Es kommt durchaus vor, dass man während der Klärung der eigenen Lernaufgaben einen anderen Menschen kennenlernt und sich auch verliebt. Dabei muss jedoch auch gleich gesagt werden, dass alle Ratsuchenden uns immer wieder bestätigen, dass die Gefühle für einen neuen Mann oder eine neue Frau nicht mit den Gefühlen für den Dualseelenpartner zu vergleichen sind. Man ist zwar verliebt, aber es ist anders, milder, nicht so schmerzhaft und auch nicht so tief.

Wir haben im Laufe der Zeit innerhalb unserer Beratungen festgestellt, dass es drei verschiedene Typen von Mann sein können, die einem innerhalb der Klärung über den Weg laufen können, jedoch nicht zwangsläufig müssen. Das hängt jeweils vom individuellen Entwicklungsstand ab. Denn diese Menschen treten in der Regel nur in ein Loslasser-Leben, wenn die ein oder andere große Lernaufgabe Schwierigkeiten bereitet.

Schauen wir uns einmal an, wann eventuell welcher Seelenpartner sich hier bereit erklärt, uns zu helfen.

Ein weiterer Gefühlsklärer

Wenn du dich in der Phase des Loslassens befindest, dich also mit dieser Aufgabe und ihren Ängsten beschäftigst, es aber nicht so recht klappen will, kann es passieren, dass dir ein weiterer Gefühlsklärer geschickt wird.

Du erkennst ihn daran, dass auch er Schwierigkeiten hat, seine Gefühle zu äußern und zu leben. Er zieht sich auch immer wieder zurück, benimmt sich also deinem Dualseelenpartner sehr ähnlich. Vor allem jedoch, wenn du mit dem Loslassen noch Schwierigkeiten hast. Denn auch dieser Mensch spürt die angespannte Atmosphäre, die unterschwelligen Erwartungshaltungen und das eventuelle Klammern, das man dann noch in sich trägt.

Es ist durchaus möglich, dass man sich mit einem solchen Mann in eine Beziehung, Affäre oder Ähnliches begibt. Doch wird auch sie vermutlich nicht lange halten. Der Ablauf dieser Beziehung wird dir bekannt vorkommen, wenn du dich an den Verlauf mit deinem Dual erinnerst. Dieser Seelenpartner spiegelt dir also auch wieder – in etwas kleinerem Rahmen, weil die Gefühle hier nicht so exorbitant sind – deine Lernaufgaben. Auch er signalisiert dir durch seine Rückzüge, dass du loslassen musst, deine Ängste überwinden und dich mehr auf dich konzentrieren solltest.

Wie lange du dich mit diesem Seelenpartner einlässt, bestimmst du letztlich selbst. Wir haben leider schon erlebt, dass über einen solchen weiteren Gefühlsklärer, der eigentliche Dualseelenpartner zwar emotional völlig in den Hintergrund gerät, aber die Lernaufgabe dennoch über Monate oder auch Jahre einfach nicht richtig angegangen wird. Dieser Seelenpartner will dir zwar helfen, in deiner Entwicklung voranzukommen, das Tempo bestimmst du jedoch letztlich weiterhin selbst. Erkennt man also auch bei diesem Menschen die Signalwirkung nicht, kann sich diese Lernhilfe als echter und langer Umweg entpuppen. Siehst du jedoch gleich, worauf dieser Partner dich aufmerksam machen möchte, nämlich, dass sich die Leidenssituation wiederholt, wenn du dich nicht auf Loslassen, deine Selbstliebe und die damit verbundenen Handlungsweisen besinnst, bestehst du praktisch eine Prüfung. Dann lässt du dir selbst und deinem Leben zuliebe nicht zu, dass der Kreislauf von vorne beginnt, sondern winkst gleich dankend bei verletzenden Situationen und Rückzügen des Partners ab. Du entziehst dich dieser Wiederholung und gibst damit auch an die geistige Welt ein klares Signal, dass du die Lektion verstanden hast und keine weiteren Menschen dieser Art in deinem Leben nötig sind, um dir das zu spiegeln. Und in einem solchen Fall verzögert sich durch diesen neuen Lernpartner nichts.

Ein Loslasser

Ein weiterer Seelenpartner, der dich unterstützen möchte, kann dir geschickt werden, wenn es noch um das Thema Abgrenzen bei dir geht. Fällt dir also diese Lernaufgabe noch sehr schwer, könnte es passieren, dass dir ein Loslasser als Lernhilfe auf den Weg geschoben wird.

Ihn erkennst du in allererster Linie daran, dass er ein sehr liebevoller Partner ist, der seine Gefühle ausdrücken kann, nach ihnen handelt und sich nicht zurückzieht – auch nicht, wenn es Probleme gibt. Man geht schnell mit diesem Mann in eine wirkliche Beziehung. Keine Affäre oder etwas anderes in der Art. Er ist aber leider auch der Typ Mann, der gleich sehr viel Nähe verlangt, schon nach wenigen Tagen die Zukunft plant und sehr viel Zeit mit dir beansprucht. Das kann erst einmal sehr schön sein. Endlich jemand, der auch gerne deine Nähe genießt, der emotional zuverlässig ist und sich für deine Gefühle interessiert. Aber oftmals empfinden wir einen solchen Menschen auch schnell als anstrengend und spüren möglicherweise zum ersten Mal das unangenehme Gefühl, wenn jemand klammert, hohe Erwartungen an uns stellt und sehr viel Bestätigung benötigt.

Dieser Seelenpartner ist da, weil er dich herausfordern möchte, deine Bedürfnisse klar vor Augen zu haben und diesen auch Ausdruck zu verleihen, indem du Grenzen setzt, wenn jemand diese zu überschreiten droht. Fällt dir diese Aufgabe noch sehr schwer, kann es sein, dass diese Beziehung mit diesem Partner auch sehr lange dauert. Monate und Jahre sind keine Seltenheit. Hast du einen solchen Partner, bist du wahrscheinlich noch zu nachgiebig. Stellst deine Bedürfnisse zugunsten des Menschen, den du jetzt an der Seite hast, immer wieder hinten an und dergleichen mehr. Das geht eben solange, bis es dir irgendwann zu viel wird und du dich wieder auf dich besinnst. Denn auf Dauer werden diese Paare unserer Erfahrung nach auch nicht glücklich miteinander. Auch dieser Seelenpartner kann dir nur erneut spiegeln, was du für deine

Entwicklung noch brauchst. Das Tempo, wie schnell du dich entwickelst, bestimmst jedoch immer noch du selbst. Wenn du aber gleich merkst, dass dir dieser Mensch unter Umständen sogar die Luft zum Atmen nimmt, und ziehst recht schnell einen Schlussstrich darunter, ist auch dies eine bestandene Prüfung. Du zeigst dann, dass du Grenzen setzen kannst, du auch deinen Raum für deine Bedürfnisse beanspruchst und wirst auch hier dann zeitlich nichts verzögern.

Der Genussmann

Der Genussmann – oder auch die Genussfrau - ist der einzige, den wir jedem unserer Ratsuchenden wünschen. Auch er kommt zwar nur, wenn man ein wenig Schwierigkeiten mit der Lernphase Lebensgenuss hat, dennoch ist er eine wahre Alternative. Dieser Seelenpartner ist nämlich selbst schon sehr mittig. Er zeigt Gefühle und lebt diese, erdrückt einen jedoch nicht mit seinen Bedürfnissen und Forderungen. Er klammert nicht, zieht sich aber auch nicht zurück. Er ist vielmehr da, um dir zu zeigen, wie schön eine Liebesbeziehung wieder sein kann, wie leicht es gehen kann und wie genussvoll. Mit all den normalen Zuverlässigkeiten, Verpflichtungen und schönen Seiten. Außerdem zeigt dieser Seelenpartner immer eine Alternative auf. So könnte das Leben eben auch weitergehen, mit einem tollen Mann, der nicht dein Gefühlsklärer ist, in einer wundervollen und erfüllenden Beziehung.

Hab bitte im Hinterkopf, dass wir immer davon überzeugt sind, dass der Sinn all dieser Lernaufgaben ist, mit deinem Dual in eine beglückende Beziehung zu gehen. Aber der Genussmann zeigt dir, dass auch etwas anderes denkbar und lebbar ist. Er beweist dir, dass du nicht den Rest deines Lebens allein sein musst, dass es immer noch die Möglichkeit gibt, eine andere Form von Beziehung zu einem wunderbaren Menschen einzugehen, die nicht weniger schön ist. Natürlich hören wir in diesem Belang auch immer wieder, dass die eigenen Gefühle des Loslassers nicht so intensiv gegenüber dem Genussmann sind wie die für den Dualseelenpartner. Aber wenn wir einmal auf deine früheren, wichtigen Beziehungen zurückblicken, dann kann man ja nicht unbedingt behaupten, dass du diese Menschen nicht geliebt hättest. Und diese Beziehungen hast du ja auch – zumindest für eine bestimmte Zeit – als sehr schön und erfüllend empfunden.

Du darfst eine Beziehung zu deinem Genussmann also wirklich aus tiefster Seele genießen. Zeitlich betrachtet ist dieser Mann sogar der einzige eventuelle Beschleuniger von den Dreien. Denn wenn du wahrlich dein Herz öffnest, dich auf ihn einlässt, dann gehst du deiner Lebensgenussphase voll nach und beschreitest damit nur einfach weiter deinen Weg. Nur wenn du innerhalb der Beziehung zu diesem Seelenpartner wieder in alte Muster zurückfällst, könnte auch er einen Umweg bedeuten. Denn er wird auch prüfen, ob du deine neu erlernten Verhaltensweisen und Angewohnheiten, die neue Selbstliebe und deine Bedürfnisse weiter im Auge behältst.

Generell sei dir gesagt, es ist immer „erlaubt", innerhalb der Klärung der Lernaufgaben auch Beziehungen zu einem anderen Partner zu haben. Denn dein Dualseelenpartner ist derzeit nicht zu einer Beziehung bereit und du bist ein freier Mensch. Du kannst tun und lassen, was immer du möchtest. Wichtig ist einfach nur, dass du deine Bedürfnisse und Neigungen kennst und dich um sie kümmerst. Bist du also eher ein Typ, der gerne auch mal nebenher eine unkomplizierte Affäre leben möchte, dann kannst du das gerne tun. Bist du eher ein Wesen, das das nicht so gerne tut, dann lässt du es eben. Es geht um dich. Nicht darum, was andere von dir erwarten, beurteilen oder von dir verlangen. Tu das, was dich glücklich macht. Wenn hier und da ein Mann dazugehört. Dann gerne. Wenn nicht, dann eben nicht. Sei einfach du selbst. Auch in dieser Hinsicht. Und es gibt auch keinen Grund, sich zu fragen, ob man den Dualseelenpartner betrügt, wenn man sich auf andere Männer einlässt. Wir sehen es einfach mal pragmatisch: Solange du nicht in einer festen Beziehung zu jemandem bist, betrügst du auch niemanden. Auch wenn es sich emotional so anfühlen mag. Real betrachtet ist es sicherlich nicht so.

Die Abschlussprüfung

Wenn der Moment gekommen ist, an dem sich alles zum Guten wendet und die Lernaufgaben hinter der Dualseelenverbindung für beide Partner geklärt und gelernt sind, ist die große Abschlussprüfung für beide Partner da. Wir nennen es bewusst Prüfung, denn das ist diese Situation auch. Auch hier können noch Fehler gemacht werden. Hast du deine Lernaufgaben alle gemeistert, und die neuen Verhaltensmuster sitzen, wirst du mit der Prüfung kaum Probleme haben. Ist manches jedoch noch wackelig, dann ist dieser Abschnitt für dich auf jeden Fall noch wichtig. Deshalb möchten wir dich hier noch einmal explizit darauf vorbereiten.

Im Allgemeinen findet am Ende ein filmreifer Showdown statt. Du als Loslasser solltest dich dabei in einer Situation befinden, in der du dich rundherum wohlfühlst. Dein Leben ist durch alle Lernaufgaben geradezu aufgeräumt worden. Das heißt, der Job passt, die Freunde sind aussortiert oder auch neue da, die Finanzen sind im Griff, eventuell hast du dich von einem bestehenden Partner getrennt. Du bist in *deinem* Leben angekommen. Alles läuft. Du kannst die äußeren Umstände deines Lebens genießen. Du selbst bist innerlich gestärkt durch die schwere Leidenszeit, die du hinter dir gelassen hast, du sagst früher nein, wenn etwas nicht stimmig oder auch schädlich für dich ist, du bist gelassen, hast erkannt, was für ein wundervoller Mensch du bist, und weißt dich selbst genauso zu schätzen wie die Menschen in deinem Umfeld. Und du nimmst dich und deine Bedürfnisse genauso wichtig. Und sollte es hart auf hart kommen, kannst du dich auch entschieden abgrenzen. Auch innerlich bist du nun mittig und genießt, wenn die Umstände schön sind, und veränderst Konstellationen, die dir Schmerzen bereiten.

Man könnte behaupten, das Leben ist für dich so schon wundervoll. Eventuell fehlt nur noch ein toller Mann an deiner Seite, der nicht mal mehr unbedingt dein Dualseelenpartner sein muss. Du bist einfach nur offen für eine Beziehung mit einem tollen Mann, der dich so nimmt, wie du bist, dich schätzt und auch gewillt ist, in eine gemeinsame Beziehung so viel zu investieren wie du selbst. Du erzwingst aber nichts. Eventuell genießt du einfach derzeit auch noch das Single-Leben. Aber es kann auch sein, dass ein solcher Mann bereits in deinem Leben ist, der ebenfalls nicht dein Dual ist. Beides ist möglich.

Dir geht es also gut, auf allen erdenklichen Ebenen. Und du rechnest auch nicht mehr mit deinem Gefühlsklärer. Denn zu lange hat er sich unverändert gezeigt, scheint immer noch den alten Verhaltensweisen nachzugehen, sich eventuell aus seiner Beziehung nicht zu lösen. Oder ihr habt auch schon eine ganze Weile keinen Kontakt mehr und du weißt gar nichts mehr von ihm. Egal wie, du hast eher das Gefühl, du spürst ihn kaum noch. Vielleicht hin und wieder ein wenig. Du denkst sehr wenig über ihn nach, denn du und dein Leben sind derzeit wichtiger und schöner.

Und dann passiert es wie aus heiterem Himmel. Er steht plötzlich vor deiner Tür...

Er kommt auf dich zu

Er muss nicht zwingend vor deiner Tür stehen. Aber es ist sehr häufig so. Oder er fängt dich irgendwo direkt ab. Und eigentlich sollte es auch so sein. In der Regel ist es jedoch unangekündigt und er überfällt dich eher.

Es kann also sein, dass du von der Arbeit oder auch vom Sport nach Hause kommst. Und er sitzt vor deiner Tür. Wir hören immer wieder, dass einen dann ein Häufchen Elend erwartet. Die Gefühlsklärer sind in einer Phase, die der Loslasser in seiner schlimmsten Zeit hatte: Voller Verlustängste, dass er das, was er so sehr liebt, für immer verloren hat. Völlig erschüttert, wie er sich dir gegenüber in der Vergangenheit hat so benehmen können und dich so verletzt zu haben. Der Liebeskummer ist bei ihm dann sehr, sehr groß. Er weiß nicht, ob er dich zurückgewinnen kann, jetzt wo er weiß, was er will und erkannt hat, was für einen Schatz er die ganze Zeit vor sich hatte. Auch weiß er ja nicht, ob du ihn noch zurücknimmst, selbst wenn es keinen neuen Mann bei dir geben sollte, was er womöglich ja auch nicht weiß. Die Gefühlsklärer sind buchstäblich am Boden zerstört. Die Tränen fließen und er will einfach nur reden.

Wenn du deinen Gefühlsklärer also so vorfindest, kannst du eigentlich davon ausgehen, dass er all seine Lernaufgaben hinter sich gebracht hat. Er ist absolut offen für seine Gefühle. Erklärt dir Dinge und Verhaltensweisen. Er ist wirklich in seiner Klärung angekommen. Nun muss er mit dir klären.

Achte dabei vor allem auf dein Gefühl. Du warst, bist und bleibst der Herzmensch in eurer Verbindung und deshalb kannst du aus dem Gefühl heraus sehr genau unterscheiden, ob er wirklich alle Lernaufgaben gemeistert hat. Du spürst es einfach. Die Energie zwischen euch kann anders fließen. Sie stagniert nicht mehr, weil irgendjemand von euch beiden versucht, etwas zu verbergen. Alles ist offen ersichtlich und wird angesprochen. Spürst du auch nur ansatzweise, dass etwas noch nicht in Ordnung ist, einfach durch ein schlechtes Gefühl, dann ist es auch noch nicht richtig. Sei in dem Falle bitte sehr, sehr bei dir und bleibe unbedingt zurückhaltend.

Er meldet sich nur per SMS oder Email

Manchmal jedoch ist es auch einfach erst mal eine Nachricht, die wie aus dem Nichts kommt.

Was wir hier jedoch gleich einwerfen müssen, ist die Tatsache, dass es uns ehrlich gesagt lieber ist, wenn er direkt vor der Tür steht, statt eine Mail zu senden. Denn die Email oder die SMS bedeuten tatsächlich immer noch eine gewisse Distanz. Die Gefahr, die dahinter liegt, ist einfach, dass er womöglich nur aus Entfernung versucht, die Lage zu sondieren und zu schauen, ob du noch für ihn zu haben wärst. Deshalb ist bei einer simplen Nachricht Vorsicht geboten. Frage lieber nach, was er will, wozu er dich kontaktiert. Denn ist er nicht bereit Himmel und Hölle in Bewegung zu setzen, um mit dir zu sprechen. Er tastet sich erst mal vorsichtig heran. Dagegen ist zwar generell nichts einzuwenden, aber er sollte dann doch recht schnell auf den Punkt kommen. Frag ihn in einem solchen Fall lieber, was er möchte, statt dich in belanglose Gespräche und Mails verwickeln zu lassen. Zeig ihm, dass er etwas tun muss, damit er wieder an dich heran kommt. Lass dich nur auf ein Treffen ein – und das bitte auf neutralem Boden -, wenn er auch ein klärendes Gespräch damit einläuten und etwas an eurer derzeitigen Situation verändern möchte. Und dabei sollte es um eine gemeinsame Beziehung gehen - nicht um Freundschaft.

Der Sinn dahinter liegt nicht darin, ihn für irgendetwas zu bestrafen, sondern die eigenen Lernaufgaben zu machen und das neu Erlernte auch umzusetzen und ihn bei seinen zu unterstützen. Bitte verstehe uns da richtig. Dein Gefühlsklärer muss nicht lernen, Gefühle zu haben oder nur darüber zu reden. Sein Grundproblem ist, dass er nicht nach seinem Herzen handelt. Also, dass er nicht aktiv wird und in Aktion tritt. Es ist also sowohl für dich als auch für ihn immens wichtig, ihn handeln zu lassen. Denn nur dann stellt er fest, dass er nichts zu befürchten hat, wenn er sich öffnet. Die Schwelle, die er zu übertreten hat, ist, Gefühle zu zeigen, nach dem Herzen zu handeln. Auch wenn er Angst hat, genau dafür abgelehnt zu werden. Und da du als Herzmensch das sicherlich nicht tun wirst, wenn er sich öffnet, bekommt er womöglich das erste Mal in seinem Leben das Gefühl, auch für seine Gefühle geliebt und angenommen zu werden. Nimm ihm diese wundervolle und heilende Erfahrung nicht weg, in dem du ihm zuvorkommst.

Wie zu Beginn verhalten

Ist er also endlich da, lass ihn bitte erst einmal reden. Höre ihm zu, was er zu sagen hat. Schau dir an, was er dir zu den alten Verletzungen erzählt, was er falsch gemacht hat, welche neuen Erkenntnisse er gewonnen hat und was er sich nun für euch beide wünscht, ob er – wenn eine andere Partnerin da war – mittlerweile getrennt ist. Es ist ganz wichtig, dass du ihm diesen Raum lässt. Denn zum Einen findest du heraus, was er will und schon umgesetzt hat, und zum Anderen kannst du dir in Ruhe überlegen, was du dazu sagen und was du tun möchtest. Wir wissen, dass das nicht ganz einfach ist. Denn was dich ebenfalls erwartet, ist das Gefühl, dass er – egal wie lange der letzte Kontakt her ist – gestern erst da gewesen ist. Die Zeit des Kontaktabbruchs scheint nicht mehr zu existieren. Außerdem werden auch deine Gefühle für ihn wie auf Knopfdruck wieder komplett da sein. Denn du spürst, dass die Energie neu fließen kann.

Sei also zurückhaltend und abwartend. Denn du solltest – ohne ihn dafür büßen lassen zu wollen und bei all der Liebe – auch im Hinterkopf behalten, dass er dir bereits sehr weh getan hat. Was auch immer genau bei euch vorgefallen ist, es sollte zwar verziehen sein, aber nicht vergessen. Denn die Angst, die dich womöglich jetzt warnt, zu vertrauensselig zu sein, ist berechtigt, wenn du schon sehr negative Erfahrungen mit ihm gemacht hast. Einem Hund, der dir schon einmal in die Hand gebissen hat, würdest du auch nicht so Weiteres die Hand noch einmal vor die Schnauze halten.

Lass es also alles ganz langsam angehen. Und bleibe vor allem bei dem, was du neu gelernt hast. Bleib bei dir, in deiner Mitte. Schau, ob das, was er von dir möchte, zu dem passt, was du willst. Ist er beispielsweise nicht getrennt von seiner Freundin, Partnerin oder Ehefrau, dann lass dich bitte nicht erneut auf eine Affäre oder eine Freundschaft ein. Denn wir wissen einfach aufgrund der jahrelangen Erfahrungen mit allen möglichen Geschichten unserer Klienten und Klientinnen, dass er sich auf Freundschaft und Affäre immer ausruhen wird. Diese Männer trennen sich dann einfach nicht. Und du würdest eventuell mit einer Hoffnung abgespeist, die dann immer wieder aufgrund seiner schwierigen Umstände hinausgeschoben wird. Die Trennung sollte also definitiv vorher vollzogen sein.

Setze außerdem gesunde und durchaus liebevolle Grenzen, sollte es nötig sein. Du bist schließlich diejenige, die genau weiß, wie man sich verhält, wenn es um die Liebe geht. Wie man sich Menschen gegenüber zeigt, wenn man sie liebt, und wie man sie behandelt. Setze also bitte diese Maßstäbe auch bei ihm an. Er sollte dich ebenfalls so behandeln, wie du es bei ihm tun würdest. Du hilfst ihm damit unheimlich, sich zu orientieren. Er lernt jetzt erst den praktischen Teil. Und deine neue Selbstliebe und deine Fähigkeit, nun gute und gesunde Grenzen setzen zu können, sollten dich dabei unterstützen.

Nicht sofort mit ihm ins Bett

Wovon wir dir auch dringend abraten müssen, ist, sofort mit ihm ins Bett zu gehen. Auch wenn es noch so verlockend ist. Bitte warte damit. Denn zum Einen würdest du ihm mit der sofortigen Aufnahme der körperlichen Ebene wieder zeigen, dass er dich sehr schnell haben kann. Und zum Anderen sollte er dir zeigen, dass er das, was er zu Beginn alles gesagt hat, auch in die Tat umsetzt. Gib ihm also nicht gleich alles. Auch hier wiederum geht es nicht darum, ihn für irgendetwas zu strafen, sondern vielmehr um die Unterstützung, die du ihm damit gibst. Denn wenn er nie machen muss, was er aber lernen soll, nämlich nach dem Herzen auch zu handeln und Dinge in die Tat umzusetzen, dann wird er es auch nicht lernen können.

Lass dir mit diesem wundervollen Moment also einfach ein wenig Zeit. Vorfreude kann doch auch etwas Wunderschönes sein. Und geh auch achtsam mit dir um. Man schenkt jemandem mit dieser körperlichen Nähe so viel. Sieh es also auch so, dass du ihm etwas unheimlich Wertvolles schenkst, wenn du (wieder) mit ihm schläfst. Verschenke dich also nicht wahllos, sondern wirklich mit Bedacht.

Wir empfehlen dir deshalb, die Treffen vorerst auf neutralem Boden stattfinden zu lassen. Geht schön essen, ins Kino oder eine Bar. Redet, seid euch nah. Aber bitte geht die ersten zwei- bis dreimal noch getrennt nach Hause. Es soll doch alles glatt laufen. Auch wenn es euch beiden schwerfällt.

Achtung vor zu vielen Erwartungen

Ganz wichtig ist auch, dass du so, wie du es gelernt hast, momentan noch die Erwartungen weit unten hältst. Das soll nicht heißen, dass du dich nicht freuen darfst, aber bitte erwarte erst einmal nicht zu viel. Die Abschlussprüfung ist für beide noch ein wichtiger Schritt in der ganzen Dualseelengeschichte, wo ihr beide noch immer die neuen Verhaltensweisen und Ansichten festigen müsst. Die Umsetzung ist vielleicht nicht immer leicht. Aber bleib so gelassen wie möglich und auch erwartungsfrei, was ihn angeht, damit kein erneuter Druck aufkommt.

Stell dir außerdem einmal Folgendes vor:

Du hast theoretisch Englisch gelernt. Du weißt viele Vokabeln, die Grammatik ist dir auch einigermaßen klar, und nun reist du nach London. Dort kommst du mit den Menschen ins Gespräch und weil sie nicht daran denken, dass die Sprache trotz allem noch fremd für dich ist, sprechen sie alle unheimlich schnell auf dich ein, plauschen voller Freude mit dir und du kommst kaum mit. Du würdest dich sicherlich überfordert fühlen, denn der praktische Sprachgebrauch ist dir noch recht neu und fällt dir noch schwer. Wenn jemand aber dann merkt, dass es zu viel auf einmal ist und dann langsamer mit dir spricht und dir Zeit lässt, ist es für dich sicherlich angenehmer, oder?

So ungefähr geht es deinem Dualseelenpartner auch. Er lernt nun den praktischen Teil. Theoretisch hat er nämlich alles abgearbeitet, als ihr beide noch eure Lernaufgaben gemacht habt. Überfordere ihn deshalb nicht mit deiner Geschwindigkeit, weil du dich so freust, dass er endlich da ist. Lass ihm Zeit und Raum sich an neue Verhaltensweisen, das sich Öffnen und all die neuen Dinge, die er nun im Bereich Liebe erlebt, zu gewöhnen. Korrigiere ihn liebevoll mit Grenzen, wenn er noch mal etwas falsch machen sollte, und bestätige ihn ruhig mit all deiner Liebe, wenn er alles richtig macht. Dann könnt ihr alles genießen und zusammen sein.

Ganz generell stellen wir immer wieder fest, dass die ersten ein bis drei Monate einfach noch aufregend und auch wackelig sind. Deshalb sei in dieser Zeit immer wieder wachsam. Mach lieber langsam einen Schritt nach dem anderen, als etwas zu überstürzen. Schließlich soll eure Beziehung ja in eine vernünftige Stabilität gehen und nicht gleich wieder zu Beginn vor lauter Überschwang aus dem Ruder laufen. Bleibe bei dir, schau darauf, ob du bei deinen Lernaufgaben bleibst und auch die damit einhergehenden, neuen Verhaltensweisen umsetzt. Damit stellst du auch sicher, dass er seine neue offene Haltung beibehält und weiterhin nach seinem Herzen handelt. Dann kann nichts schief gehen und ihr geht in eine erfüllte und wunderschöne Beziehung.

Leben in der geklärten Dualseelenverbindung

Was sollen wir zu einer geklärten Dualseelengeschichte noch sagen? Es ist einfach wunderschön. Diese Beziehungen sind einfach anders als andere. Denn wenn man diese Pärchen beobachtet, können auch Außenstehende die tiefe Verbundenheit und das Glück der beiden spüren. Sie sprühen und wirken verliebt wie am ersten Tag. Die Augen leuchten und diese Paare genießen ihr Zusammensein einfach. Alles scheint am richtigen Platz zu sein. Beide begegnen sich auf Augenhöhe, sind sich einig, lassen sich Freiräume genauso wie sie die Nähe genießen. Sie sind einfach die perfekten Partner füreinander.

Das ist also der Lohn, der dich nach all der schwierigen Arbeit an dir selbst und auch der deines Gefühlsklärers erwartet: Eine wundervolle, beglückende und innige Beziehung mit dem absoluten Traumpartner an deiner Seite. Was kann es Schöneres geben?!

Wir werden aber auch immer mal wieder gefragt, ob diese Kämpfe und Rückzüge innerhalb der geklärten Dualseelenbeziehung so weiter gehen. Die Antwort dazu lautet eindeutig: Nein! Ist in der Anfangsphase, der Abschlussprüfung alles richtig gemacht worden, gibt es sicherlich keine Kämpfe und auch keine Rückzüge. Ist das dennoch der Fall, ist irgendetwas noch nicht ganz geklärt und in Ordnung. Oder es wurden auch Rückschritte in alte und ungesunde Verhaltensweisen gemacht. Dann und nur dann ist die Beziehung schwierig. Schaue in solch einem Fall bitte noch mal genau bei den Lernaufgaben hin, ob du wieder in alte Muster gerutscht bist. Denn dein Gefühlsklärer wird darauf reagieren und ebenfalls in alte Muster zurückfallen.

Es ist also schon wichtig, dass du bei dem, was du gelernt hast, auch bleibst. Denn sonst – und das müssen wir leider dazu sagen – kann die Beziehung tatsächlich wieder kippen und auch auseinandergehen. Aber es macht ja auch Sinn. Da ackerst du dich durch all deine Lernaufgaben, lernst so viel Neues wie, dich auch selbst zu lieben, und dann machst du es im entscheidenden Moment nicht mehr? Das wäre, als wenn du eine Ausbildung machst, aber dann im Job doch alles anders und wieder falsch. Das würdest du ja auch nicht tun, oder? Also einfach beim Gelernten bleiben, auch während der Beziehung und dann bleibt auch alles traumhaft schön mit deinem Schatz.

Und dafür wünschen wir dir alles erdenklich Liebe der Welt!

Anhang

Hier findest Du noch ein paar wertvolle Buchtipps und Links, die dir bei der weiteren Entwicklung helfen können. Wir kennen all diese Bücher sehr genau und können sie dir wärmstens empfehlen.

Literaturempfehlungen

Weiteres Buch der Autorinnen:

Sagehorn, Ricarda & Mroseck, Cornelia: *Dualseelen & die Liebe. Wenn das Schicksal auf zwei Herzen trifft.* BOD, Norderstedt 2012

Bücher anderer Autoren:

Bauer, Erich: *Das astrologische Karmabuch. Mit den Sternen das Schicksal entschlüsseln,* Kailash, 2003

Byrne, Rhonda: *The Magic,* Knaur MensSana HC, 2012

Dwoskin, Hale: *Die Sedona-Methode: Wie Sie sich von emotionalem Ballast befreien und Ihre Wünsche verwirklichen. 5 einfache Schritte.* Vak-Verlag, 2012

Fensterheim, Herbert: *Sag nicht ja, wenn du nein sagen willst: Wie man seine Persönlichkeit wahrt und durchsetzt,* Goldmann Verlag, 2006

Goldmann, Irene: *Liebe dich selbst, sonst liebt dich keiner – Ein neues Selbstwertgefühl für Frauen.* Via Nova 2009

Hay, Louise L.: *Gesundheit für Körper und Seele,* Allegria Taschenbuch, 2010

Katie, Byron: *Lieben was ist. Wie vier Fragen Ihr Leben verändern können.* Wilhelm Goldmann Verlag, München 2002

Kölsch, Hubert: *Spirituell & erfolgreich – Praxisbuch für die Manifestation Ihres Erfolgs,* Schirner, 2011

Miedaner, Talane: *Coach dich selbst, sonst coacht dich keiner: 101 Tipps zur Verwirklichung Ihrer beruflichen und privaten Ziele.* Moderne Verlagsgesellschaft. Mvg 2009

Potreck-Rose, Frederike: *Von der Freude, den Selbstwert zu stärken – Hilfe aus eigener Kraft,* Klett-Kotta, 2011

Reiland, Christian: *LOA – Das Gesetz der Anziehun*g, Arana, 2008

Links

Internetseiten der Autorinnen:

www.karmische-liebe.de,

www.dualseelen-liebe.de

Andere Internetseiten:

Dwoskin, Hale: Sedona Methode: *www.sedona.com (englisch)*

Katie, Byron: The Work: *www.thework.com/deutsch*

Hay, Louise L.: www.*hayhouse.com (englisch)*

Danksagung

Wir möchten uns von Herzen bei all unseren lieben Klienten bedanken, dass sie uns in den letzten fast 10 Jahren ihre Geschichten anvertraut haben. Danke für euer Vertrauen und eure Offenherzigkeit! Ohne euch hätten wir all die Zusammenhänge, die so vielschichtig und herzergreifend sind, nicht erkannt. Jede einzelne eurer Geschichten und erlebten Situationen hat uns ein wichtiges Teil für das große Dualseelenpuzzle geliefert. Und deshalb ist es auch euch zu verdanken, dass wir diese gesammelten Erkenntnisse an andere weitergeben können. Damit seid auch ihr maßgeblich daran beteiligt, dass vielen anderen Herzmenschen da draußen geholfen und damit eine lange Leidenszeit erspart werden kann.

Ihr werdet immer ein Bestandteil unseres Herzens, unserer Seele und auch unserer Motivation sein, noch weiter Licht in dieses wundervolle und auch unerschöpfliche Thema zu bringen. Wir danken euch dafür für alle Zeit.

Ricarda & Conny

P.S. Danke, Dieter ☺

Über die Autorinnen

Cornelia Mroseck & Ricarda Sagehorn befassen sich seit fast 10 Jahren mit Dualseelen und ihren karmischen Verstrickungen und arbeiten erfolgreich als Lebensberaterin und Karma-Coach.

Ihr Wissen geben sie ebenfalls in Seminaren in Berlin weiter. Diese behandeln die Themen Karma, Dualseelen und Selbstliebe. Außerdem haben sie eine eigene Form der Aufstellungsarbeit für Karma und Dualseelen entwickelt, die dabei hilft, die Lernaufgaben schneller und konkreter zu lösen.

Weitere Informationen, sowie Seminare & Workshops unter:

www.karmische-liebe.de
oder
www.dualseelen-liebe.de